Fit in 30 Minuten

Lothar J. Seiwert & Dirk Konnertz

Zeitmanagement

Reinhard K. Sprenger & Christiane Sauer

Motivation

Bibliographische Information Der Deutschen Bibliothek
Die Deutsche Bibliothek verzeichnet diese Publikation in der Deutschen Nationalbibliographie; detaillierte bibliographische Daten sind im Internet über http://dnb.ddb.de abrufbar.

Herausgeber: Das LernTeam, Marburg
Lektorat: Astrid Hansel, Frankfurt/Main
Layout, Illustrationen, Titel: Ulf Marckwort, Kassel
Layout, Satz: Frank Werner, Kassel
Druck: Gutmann + Co. GmbH, 74388 Talheim

Lizenzausgabe für Ernst Klett Verlag GmbH

Gabal Verlag GmbH, Schumannstr. 163, D-63069 Offenbach,
Telefon 069/830066-0, Telefax 069/830066-66

Printed in Germany

ISBN 3-12-920227-7

In 30 Minuten auf die Überholspur!

Dieses Büchlein ist so konzipiert worden, dass du nach kurzer Lesedauer erfährst, wie du mit deiner Zeit erfolgreich umgehen kannst, um ein „Meister deiner Zeit“ zu werden, und wie du dich selbst motivieren kannst.

- Jedes Kapitel beginnt mit drei zentralen Fragen, die im Verlauf des jeweiligen Kapitels beantwortet werden.

- Nach jedem Kapitel werden die wichtigsten Inhalte noch einmal zusammengefasst.

Da dieses kleine Handbuch so klar und deutlich strukturiert ist, kannst du es immer wieder zur Hand nehmen, um schnell die für dich interessanten Teile zu wiederholen. Die Stichwortregister auf Seite 63 und 126 sollen dir dabei eine zusätzliche Hilfe sein.

Inhalt

Inhalt

Hallo und herzlich willkommen!

„Die Zeit ist wie der Wind.
Richtig genutzt, bringt sie dich an jedes Ziel!"

Mit unserem Buch *„Zeitmanagement – fit in 30 Minuten"* wollen wir dir zeigen, wie du deine Zeit in Zukunft sinnvoll nutzen kannst.

Zeitmanagement ist nicht nur für Erwachsene zu einem sehr heißen Thema geworden. Auch die Zeitpläne von Schülerinnen und Schülern sind neben dem Unterricht immer voller geworden durch unzählige Aktivitäten.

Hast du genügend Zeit?

Vielleicht gehörst du ja auch zu denen, die „Opfer" ihrer Zeitdiebe geworden sind, die sich in ihrem Chaos nicht mehr zurechtfinden und ständig stöhnen, dass sie keine Zeit haben. Dann kommen unsere Tipps und Hilfestellungen gerade zur richtigen Zeit. Aber auch gute Zeitplaner finden hier sicher noch interessante Ideen und Anregungen, um ihre Zeit noch besser zu nutzen.
Die folgenden Tipps und Anregungen sollen dir also helfen, deine Zeit erfolgreich in den Griff zu bekommen, damit du in Zukunft mehr Zeit hast für die wirklich wichtigen Dinge des Lebens.

Wir starten mit einem kleinen Eingangs-Check, mit dessen Hilfe du ermitteln kannst, wie weit du bereits ein „Meister“ deiner Zeit bist.

- In *Kapitel 1* folgen einige Ideen und Anregungen, wie du deine Zeit sinnvoll, erfolgreich und mit Spaß nutzen kannst. Wir zeigen dir, was du unternehmen kannst, um deine persönlichen Zeitdiebe zu besiegen, und stellen dir das Flow-Konzept vor.
- Wie wichtig es ist, Ziele zu haben und zu planen, erläutern wir in *Kapitel 2*. Dort erhältst du Tipps zur Zukunftsgestaltung und erfährst, wie du deine persönlichen Ziele finden, formulieren und planen kannst.
- Die Grundlagen für ein erfolgreiches Zeitmanagement lernst du in *Kapitel 3* kennen. Dort geht es auch um den optimalen Start in den Tag, die Festlegung von Prioritäten und um Anregungen, die dir helfen, deine Zeit ohne Hektik und Stress souverän zu meistern.
- In *Kapitel 4* zeigen wir dir schließlich, wie eine professionelle Zeitplanung aussieht. Dort findest du auch einen Musterzeitplan, mit dem du in Zukunft deine Zeit erfolgreich planen kannst.

Viel Spaß und Erfolg wünschen dir
Lothar J. Seiwert & Dirk Konnertz
(www.seiwert.de) (www.lernteam.de)

Eingangs-Check

Mit diesem Eingangs-Check kannst du herausfinden, ob du bereits ein „Meister deiner Zeit" bist. Beurteile im Folgenden, ob die Aussagen auf dich zutreffen oder nicht. Dazu stehen dir die Noten von 1 bis 6 zur Verfügung. Kannst du einer Aussage voll und ganz zustimmen, dann gib dir eine 1, im umgekehrten Fall eine 6.

Ich liebe neue Herausforderungen!

Ich habe klare und eindeutige schulische Ziele!

Ich habe klare und eindeutige private Ziele!

Ich kann mich sehr gut auf eine bestimmte Aufgabe konzentrieren!

Ich mache niemals mehrere Dinge gleichzeitig!

Ich schätze meine Zeit immer realistisch ein!

Ich nehme mir nie zu viel auf einmal vor!

Ich verschiebe niemals wichtige Aufgaben!

Ich bin immer pünktlich!

Ich vergesse niemals wichtige Termine und Aufgaben!

Ich gerate niemals unter Zeitdruck!

Ich kann mich gut entspannen!

ngs-Check

Auswertung des Eingangs-Checks

Zähle nun deine Punkte zusammen!

Gesamtpunktzahl:

12 bis 24 Punkte:
Herzlichen Glückwunsch! Du bist bereits ein Meister deiner Zeit. Die meisten der folgenden Tipps wirst du wahrscheinlich bereits bewusst oder unbewusst beherzigen. Trotz alledem wird bestimmt auch Neues für dich dabei sein, das dir hilft, noch professioneller mit deiner Zeit umzugehen.

25 bis 48 Punkte:
In einigen Bereichen gehst du bereits gut mit deiner Zeit um, du hast aber mit Sicherheit in vielen Situationen das Gefühl, etwas verändern zu müssen, um deine Zeit besser in den Griff zu bekommen.
Unsere Tipps werden dir auf alle Fälle helfen, noch offene Fragen zu beantworten, damit du in Zukunft zielsicher zum Erfolg gelangst.

49 bis 72 Punkte:

Du gehst noch ziemlich chaotisch mit deiner Zeit um. Dieses Buch kommt für dich gerade zur rechten Zeit. Du wirst jedoch schnell erkennen, dass du vieles selbst positiv verändern kannst. Unsere Tipps werden dir helfen, effektiver zu lernen und zu arbeiten, so dass du schneller und stressfreier mit deiner Arbeit fertig wirst und somit mehr Zeit für dich und deine Freizeit hast. Letztendlich wirst du so zufriedener mit dir selbst sein.

Tipp:

Wiederhole diesen Check noch einmal in vier Wochen, in drei Monaten und in einem Jahr!

Ergebnis nach vier Wochen:

Ergebnis nach drei Monaten:

Ergebnis nach einem Jahr:

1. Carpe diem – nutze den Tag

Was sind deine Spaßfaktoren oder:
Wofür hättest du gern mehr Zeit?

Wie kannst du deine Zeitdiebe entlarven
und besiegen?

Warum beflügeln Flow-Erlebnisse?

„Es ist nicht zu wenig Zeit, die wir haben, sondern es ist zu viel Zeit, die wir nicht richtig nutzen."

Dieser Satz des alten römischen Philosophen und Dichters *Seneca* bringt es auf den Punkt: Wir Menschen neigen dazu, über *zu wenig Zeit* zu klagen. Viele sagen einfach: „Ich habe keine Zeit!" Dabei ist dies eine Lüge, denn jeder Mensch besitzt Zeit – 24 Stunden, 1.440 Minuten oder 86.400 Sekunden jeden Tag. Zeit ist wohl das Einzige auf der Welt, das gerecht verteilt ist. Deine Aufgabe besteht nur darin, diese Zeit für dich optimal zu verwenden.

Dies wird in Zukunft aber nicht leichter werden, da wir in einer Zeit leben, in der in immer kürzeren Zeitabständen immer mehr passiert und tagtäglich immer mehr Informationen auf uns Menschen einprasseln. Denke nur einmal daran, wie schnell sich die Computertechnologien weiterentwickeln!

Wenn du an dieser Stelle bereits erkannt hast, dass Zeit etwas sehr Wertvolles ist, dann befindest du dich auf dem richtigen Weg. Den Chinesen ist die Bedeutung von Zeit übrigens bereits bewusst: In China ist die Strafe für Geschwindigkeitsüberschreitung im Straßenverkehr nämlich keine Geldbuße, sondern eine *Zeitbuße*: eine Viertelstunde lang stehen bleiben.

Viele Raser auf deutschen Straßen würde eine solche Strafe sicher mehr ärgern als die übliche Geldbuße.

carpe diem

Zeitmanagement bringt mehr Spaß

Welche fünf Dinge, die du tust, bereiten dir am meisten Freude? Trag diese *Spaßfaktoren* bitte hier ein und schätz die Zeit, die du damit durchschnittlich verbringst!

Meine Spaßfaktoren	**tägliche Zeit**

Das Leben genießen

Welche sind deine *Spaßfaktoren*? Neue Dinge lernen, mit Freunden etwas unternehmen, ein Spiel spielen, Sport, Lesen, Faulenzen, Schlafen? Jeder Mensch hat andere Spaßfaktoren.

Übrigens: Wenn du in Zukunft deine Zeit erfolgreich nutzen wirst, bedeutet dies nicht, dass du auf deine Spaßfaktoren verzichten musst. Wir versprechen dir sogar für die Zukunft mehr Ruhe und Muße, damit du deine Spaßfaktoren so richtig genießen kannst.

Denn wie sagte schon der Captain des Raumschiffs Enterprise, *Jean-Luc Picard*, im „Treffen der Generationen" zu Nummer 1:
„Die Zeit ist unser ständiger Begleiter, der uns daran erinnert, dass wir die Gegenwart genießen sollen."
Lebensfreude und Spaß geben dir zusätzlich Kraft und Energie für schulische und berufliche Leistungen.
Was glaubst du? Womit verbringen Menschen ihre *Lebenszeit*? Eine interessante Statistik verrät es.

Womit Menschen ihre Lebenszeit verbringen

Eine Untersuchung ergab, dass wir Menschen im Durchschnitt rund 25 Jahre unseres Lebens mit Schlafen verbringen – das ist zweifelsohne wichtig. Auf Rang 2 folgt Fernsehen (erstaunlich!) mit 8,3 Jahren, gefolgt von Arbeiten (7,5 Jahre), Essen (6 Jahre), Warten und Hausarbeit (je 5 Jahre), Körperpflege (4,1 Jahre), Tagträume (4 Jahre) usw.
Abgeschlagen sind Bücherlesen mit 6,9 Monaten und Sport (sehr bedenklich!) mit 4,4 Monaten – fast überholt von Schlüsselsuchen (3 Monate).
Diese Zahlen spiegeln nicht deinen persönlichen Umgang mit der Zeit wider, da es sich um Durchschnittszahlen handelt. Du siehst aber auch, dass eine solche durchschnittliche Verwendung der Zeit mit Sicherheit zu keinem besonders glücklichen und erfolgreichen Leben führen kann.

Was ist nun aber sinnvoll?

Wie kannst du die Dinge herausfinden, die *Spaß* machen und zusätzlich auch noch *sinnvoll* sind? Für verschiedene Menschen sind natürlich auch unterschiedliche Dinge sinnvoll.
Kehren wir dazu zurück zu deinen Spaßfaktoren auf Seite 16. Nimm dir nun ein leeres Blatt Papier und einen Stift zur Hand. Finde für jeden Spaßfaktor möglichst viele Gründe, warum er dir Spaß macht.

Diese Übung ist schnell ausgewertet. Alle deine *Spaßfaktoren*, für die du mindestens drei gute Gründe gefunden hast, sind mit Sicherheit auch sinnvolle Tätigkeiten. An diesen Spaßfaktoren solltest du in Zukunft auf jeden Fall festhalten. Überlege aber auch, ob es auf der anderen Seite Dinge gibt, die du in Zukunft lassen könntest, weil sie dir auf Dauer nichts bringen.

Mehr Spaß durch Erfolge

Jeder Mensch möchte *erfolgreich* sein – in der Schule, im Beruf, im privaten Leben, bei seinen Hobbys …
Das Wort „Erfolg“ hängt mit dem Wort „erfolgen“ zusammen, das heißt, Erfolg ist immer die Folge deines Tuns. Nur in den seltensten Fällen fällt der Erfolg buchstäblich vom Himmel.

Fang deshalb heute an, dich auf das zu konzentrieren, was dir deinen *persönlichen Erfolg* bereitet, und sei bereit, dafür deine Zeit zu investieren. Hast du erst einmal deinen „inneren Schweinehund" besiegt, werden dir Dinge Spaß bereiten, die du heute noch ungern machst. Du wirst schnell merken, dass z. B. Lernen und Üben sinnvoll sind, weil sie dich zum Erfolg führen.

Bestimmt kannst du dich an Situationen erinnern, in denen du dich anfangs überwinden musstest, in denen dir das Arbeiten aber letztendlich Spaß bereitet hat. Der Mensch ist nun mal von Natur aus bequem und bedarf eines gewissen Antriebs, um „in die Gänge zu kommen". Jeder erfolgreiche Sportler oder Musiker wird dir dies bestätigen können. Wenn du erst einmal deinen *„Bequemlichkeits-knoten"* zum Platzen gebracht hast, wirst du viel Energie entwickeln, um erfolgreich zu sein. Deshalb entscheide dich jetzt:

- *Möchtest du erfolgreich sein?*
- *Wirst du dabei gegen deinen „inneren Schweinehund" ankämpfen?*
- *Bist du bereit, dafür deine Zeit zu investieren?*

Wir können dir versprechen: Es lohnt sich. Mit dieser Einstellung legst du den Grundstein, um deine Zeit erfolgreich zu meistern – und du wirst obendrein eine Menge Spaß dabei haben.

rch Erfolge

Die Zeitdiebe entlarven

Zeitdiebe stehlen dir *kostbare Zeit*, die du für sinnvolle Dinge nutzen könntest. Gerade beim Lernen und Arbeiten schleichen sie sich gerne ein. Solange du sie nicht ausfindig machst und ihnen nichts entgegenstellst, kommen sie immer wieder und rauben unaufhaltsam weiter. Oftmals endet dann ein Lernnachmittag mit dem schlechten Gewissen, zwar viel vorgehabt, aber recht wenig getan zu haben.

Finde deine persönlichen Zeitdiebe

Mit der Tabelle auf der folgenden Seite kannst du dir einen Überblick über deine ganz *persönlichen Zeitdiebe* verschaffen. Eine Auswahl von Möglichkeiten findest du dort bereits vor. Darunter hast du noch ausreichend Platz, weitere Zeitdiebe einzutragen. Schätz die Zeit ab, die dir dadurch *täglich* verloren geht, und überlege dann, wie viel dieser Zeit du ab sofort für andere sinnvolle Tätigkeiten nutzen willst. (Du musst nicht alle Zeitdiebe sofort oder vollständig besiegen!) Rechne anschließend aus, wie viel Zeit dir jetzt insgesamt für wichtige Dinge zur Verfügung steht, und notiere hier dein Ergebnis:

Ich habe ab sofort täglich ______ Minuten

mehr Zeit für wichtige Dinge!

MEINE ZEITDIEBE	STEHLEN MIR TÄGLICH (IN MIN)	VERZICHTEN KANN ICH AUF (IN MIN)
ÜBERFLÜSSIGES FERNSEHEN		
COMPUTERSPIELE		
UNNÖTIGES TELEFONIEREN		
SUCHEN NACH „UNAUFFINDBAREN" DINGEN		
CHAOSBESEITIGUNG IM ZIMMER		
STÖRUNGEN BEIM LERNEN (ELTERN, GESCHWISTER ETC.)		
SUMME (IN MIN)		

Das Killerprogramm für Zeitdiebe

Entwickle ein *konkretes Programm*, wie du in Zukunft deine Zeitdiebe langfristig besiegen kannst. Schreib konkrete Anweisungen für dich auf, z. B.

- *„Ich stelle für die Woche einen genauen Lernplan auf, den ich kontrolliere und einhalte."*
- *„Ich telefoniere erst, wenn meine Lernzeit beendet ist."*
- *„Ich schalte den Fernseher erst an, wenn ich mit dem Lernen fertig bin."*
- *„Jeden Freitagnachmittag unternehme ich einen Großeinsatz ‚Schöner wohnen' in meinem Zimmer."*
- *„Mit meinen Eltern und Geschwistern vereinbare ich absolute Ruhe während der Lernzeiten."*

Schreib deine Sätze auf ein *großes Blatt Papier*. Am besten platzierst du diesen Zettel an einem für dich sichtbaren Ort. So erinnert er dich täglich an deine Vorhaben.

Denk bitte daran, dass *jede Störung* während des Lernens dazu führt, dass du anschließend jeweils eine *gewisse Anlaufzeit* benötigst, um dich wieder auf deinen Lernstoff zu konzentrieren. So kann es passieren, dass du dich durch Störungen mit einem Lernstoff bis zu 30 Prozent länger beschäftigen musst. Du würdest z. B. für eine Aufgabe, die du konzentriert in 30 Minuten erledigst, dann 40 Minuten benötigen – die Zeit der Störung nicht eingerechnet.

Tipp:

Schwirren während des Lernens hin und wieder Gedanken in deinem Kopf, die dich ablenken?

Führ ein *Ideenbuch*, in das du alle deine spontanen Ideen und Gedanken einträgst. So teilst du deinem Unterbewusstsein mit, dass dir diese Gedanken wichtig sind. Hast du sie erst einmal aufgeschrieben, kannst du dich wieder auf deine Arbeit konzentrieren.

Nach dem Lernen widmest du dich dann deinem Ideenbuch.

Flow – der Weg zum Glück

Der bekannte ungarisch-amerikanische Psychologe *Mihaly Csikszentmihalyi* (gesprochen: Tschik-sent-mihai) hat zusammen mit seinen Studentinnen und Studenten viele Jahre über das *„Geheimnis des Glücks"* geforscht. Er fand in seinen Studien heraus, dass glückliche Menschen viele so genannte „Flow-Erlebnisse" haben.

Flow (engl. *flow* = fließen) entsteht dann, wenn du deine Fähigkeiten vollständig einsetzen musst, um eine Aufgabe zu meistern. Um ein *Flow-Erlebnis* zu haben, solltest du darauf achten, dass die Herausforderung nicht zu groß (sonst entstehen Frust und Angst!), aber auch nicht zu klein (sonst entsteht Langeweile!) ist.

Schaffst du es hingegen, deine Fähigkeiten mit den Herausforderungen in Einklang zu bringen, dann entstehen Flow-Erlebnisse und somit eine Menge *Glücksgefühle*.

Kennzeichen für ein solches Erlebnis sind:

- vollkommene Konzentration,
- innere Motivation und
- Begeisterung.

Flow-Erlebnisse kannst du in der Schule, in der Freizeit, mit deiner Familie und deinen Freunden – also in all deinen Lebensbereichen – haben. Das folgende Schaubild soll dir den Weg zum Glück verdeutlichen.

Zusammenfassung

- Ein Meister der Zeit zu sein heißt nicht, in Zukunft mehr zu tun, sondern *das Richtige zu tun*. Daher musst du dich entscheiden, was für dich wichtig und was für dich eher unwichtig ist.
- Entlarvst du deine *Zeitdiebe*, hast du in Zukunft noch mehr Zeit für wichtige Dinge, die dir Erfolg bringen und Spaß machen.
- Glücklich zu werden ist nicht nur „Glückssache": Um *glücklich und zufrieden* zu sein, musst du selbst etwas unternehmen, deine Potenziale und Fähigkeiten aufspüren und erfolgreich nutzen.
- *Flow-Erlebnisse* hast du dann, wenn du Herausforderungen meisterst, die deinem Können entsprechen.

2. Zielstrebig zum Erfolg

Was kannst du tun, damit deine Zukunftsträume Wirklichkeit werden?

In welchen Bereichen möchtest du erfolgreich sein und wie kannst du das schaffen?

Wusstest du, dass dein Erfolg entscheidend von der Formulierung deiner Ziele abhängt?

Nur etwa 15 Prozent der Menschen behaupten, glücklich zu sein. Dies ergab eine Untersuchung des Flow-Konzept-Erfinders *Mihaly Csikszentmihalyi* (siehe auch Seite 24). Diese Menschen geben die unterschiedlichsten Gründe für ihr persönliches Glück an. Interessant ist aber, dass alle diese „glücklichen Menschen“ doch einen gemeinsamen Grund fanden: *„Ich habe Ziele!“*
Die Tatsache, *Ziele* zu haben, behaupten sie, gebe ihrem Leben einen Sinn und mache sie jeden Tag aufs Neue glücklich.

Ziele motivieren

Es können die unterschiedlichsten Ziele sein, die du verfolgst (schulische, berufliche, private, materielle oder soziale Ziele). Wichtig ist nur, dass du den Willen hast, deine Ziele zu erreichen.
Wenn du *klare Ziele* hast, dann ist die morgendliche Motivation zum Aufstehen mehr, als lediglich in die Schule oder aufs Klo zu müssen. Mit persönlichen Zielen vor Augen freust du dich jeden Morgen auf einen neuen Tag, der dich deinen Zielen ein Stück näher bringt. Ziele – richtig formuliert und geplant – haben immer die Tendenz, Wirklichkeit zu werden.
In diesem Kapitel wollen wir dir zeigen, wie du dir mithilfe einer gekonnten Zielplanung den Weg für deinen ganz persönlichen Erfolg bereitest.

Ziele moti

Gestalte deine Zukunft

Wenn du dein *Leben* selbst in die Hand nimmst und aktiv bestimmst, bist du auch in der Lage, deine *Zukunft* selbst zu gestalten. Wenn du jedoch alles nur auf dich zukommen und andere deinen Weg bestimmen lässt, nimmst du keinen Einfluss auf deine persönliche Zukunft. Du lässt vielleicht viele Chancen aus, ein glückliches Leben zu führen.

Verliebe dich in deinen Zukunftstraum!

Hast du dir schon einmal diese Fragen gestellt:

- *„Was ist der größte Wunsch in meinem Leben?“*
- *„Was möchte ich unbedingt erreichen?“*

Von Zukunftsträumen geht eine außergewöhnliche *Energie* aus, die dich beflügelt. Alle Dinge, die dich deinem Traum ein Stück näher bringen, geben deinem Leben einen besonderen Sinn. Denk doch einmal über deinen ganz persönlichen Zukunftstraum nach, in den du dich so richtig verlieben könntest.
Frei nach dem Motto: *„Verträume nicht dein Leben, sondern lebe deine Träume!“*

Begib dich auf Entdeckungsreise!

Stell dir das Leben wie eine *Entdeckungsreise* vor. Auf dem Weg gibt es viele Straßen, die in unterschiedliche

Richtungen führen. Nicht jede Abzweigung führt dich zum gewünschten Ziel.
Es ist überhaupt kein Verlust, wenn du einmal eine falsche Abzweigung nehmen bzw. eine falsche Entscheidung treffen solltest. *Jede Station deiner Reise* in die Zukunft bringt dir neue Erfahrungen, die allesamt sehr wertvoll sind. Wichtig ist, dass du offen für neue Dinge bist und flexibel, um eine bereits eingeschlagene Richtung – falls nötig – zu ändern, denn dies sind entscheidende Erfolgsfaktoren in der Zukunft.
Nur wer *Fragen* stellt, kann auch die richtigen Antworten finden. Frage daher Freunde, Eltern, Lehrer, Geschwister, Experten etc. Sei wissensdurstig!
Das *Internet* wird sich mehr und mehr zum Informationsmedium der Zukunft entwickeln und kann dir bei der Beantwortung deiner Fragen eine zusätzliche Hilfe sein. Dabei wird es eine Herausforderung für dich sein, aus der ständig steigenden Menge an Informationen die für dich wichtigen herauszufiltern.

Vertraue dir und deinen Stärken!

Selbstvertrauen – das Vertrauen in deine Person und deine *Stärken* – ist ein wichtiger Faktor für Erfolg in der Zukunft. Konzentriere dich also auf deine Stärken und arbeite an den *Fähigkeiten*, die du in Zukunft noch entwickeln bzw. weiterentwickeln willst. Wenn du an deinem Selbstbewusstsein arbeiten möchtest, empfehlen wir dir unser Buch *„Selbstbewusstsein – fit in 30 Minuten"*.

Deine persönlichen Erfolgswünsche

Der ehemalige amerikanische Präsident *Abraham Lincoln* sagte einmal:
„Wer im Leben kein Ziel hat, der verläuft sich."
Wenn du weißt, was du erreichen möchtest, dann kannst du auch deine Qualitäten zielgerichtet einsetzen.
Damit du dir über deine *persönlichen Erfolgswünsche* klar werden kannst, schlagen wir dir folgende Taktik vor.

Schritt 1: Fertige Wunschlisten an!

Fertige zwei Listen mit deinen Wünschen an. Auf der ersten Liste notierst du deine *privaten*, auf der zweiten deine *schulischen Wünsche*. Nimm dir dazu ausreichend Zeit und beantworte dabei folgende Fragen:
Welche Erfolge wünsche ich mir im *schulischen Bereich*?
Welche Erfolge wünsche ich mir im *privaten Bereich*?
z. B.:

- *„Ich wünsche mir einen Notendurchschnitt von 2,5 im Schuljahreszeugnis!"*
- *„Ich wünsche mir eine 2 in Englisch!"*
- *„Ich möchte mit meiner Schulband den Bandwettbewerb gewinnen!"*
- *„Ich möchte Torschützenkönig werden!"*

Lass deinen Wünschen freien Lauf.

Schritt 2: Wähle die TOP 3 deiner Wünsche!

Nach einer Pause schaust du dir deine *beiden Listen* an und wählst für jede Liste (schulisch und privat) die *TOP 3* deiner Wünsche.
Für diese Wünsche bist du nun bereit, deine Zeit und Energie einzusetzen und eventuell auf andere, weniger wichtige Dinge zu verzichten.

Schritt 3: Stelle dir deinen Erfolg vor!

Wenn du dir vor deinem inneren Auge genau vorstellen kannst, wie es ist, wenn dein *Wunsch in Erfüllung* geht, dann hast du bereits dein *Ziel* sicher im Visier.
Stell dir nun genau vor, wie es ist, wenn deine Wünsche in Erfüllung gegangen sind. Genieße schon einmal das *Gefühl des Erfolgs*. Das macht übrigens jeder Spitzensportler vor einem entscheidenden Wettkampf. Bevor z. B. ein Skiläufer losfährt, ist er in Gedanken schon als Sieger im Ziel.
Mit diesem Vorgehen programmierst du dein *Unterbewusstsein* bereits auf Erfolg. Ohne dass du es merkst, hilft dir dein Unterbewusstsein bei der Zielerreichung. Du wirst schnell merken, dass dir deine Ziele Flügel verleihen.
Im nächsten Schritt geht es darum, deine *Wünsche als Ziele* zu formulieren, die dann genau geplant werden können.

Ziele formulieren und planen

Dein *Erfolg* hängt entscheidend von der Formulierung deiner *persönlichen Ziele* ab. Folgendes solltest du daher beachten, wenn du deine Ziele aufschreibst:

Formuliere ein realistisches Ziel!

Frage dich bei der Formulierung deines Ziels, ob es *realistisch* gewählt ist. Bist du in der Lage, das Ziel mit eigenen Kräften zu erreichen? Denk daran, dass auch eine kleine Verbesserung (in einem Fach z. B. um eine Note) bereits ein großer Erfolg sein kann.

Formuliere dein Ziel persönlich!

Da es sich um dein Ziel handelt, beginn auch deinen Satz mit *„Ich…“*. So signalisierst du dir, dass es dein *persönlicher Wunsch* (und nicht der deiner Eltern oder Lehrer) ist, das Ziel zu erreichen.

Formuliere dein Ziel in der Gegenwart!

Formulierungen wie z. B. „Ich werde…“, „Ich könnte…“ oder „Ich sollte…“ sind äußerst unsicher. Formulierst du hingegen in der *Gegenwart* und nicht in der Zukunft oder im Konjunktiv, dann hast du dein Ziel bereits genau vor Augen. Eine solche Formulierung wäre z. B.: „Ich schreibe in der nächsten Englischarbeit eine 2!“

Formuliere dein Ziel konkret!

Achte darauf, dass du *eindeutig* und nicht „wischi-waschi" formulierst. Eine falsche Formulierung wäre z. B. „Ich werde besser im Skateboardfahren", denn damit ist noch überhaupt nicht klar, was dein genaues Ziel ist. Eine richtige Formulierung wäre z. B. „Ich zeige meinen Freunden bis zum Sommer einen 360!"

Formuliere dein Ziel ohne Einschränkungen!

Verwende in deiner Formulierung keine einschränkenden Wörter, wie z. B. „manchmal", „vielleicht", „wenn das und das ist". Solche Wörter sind regelrechte *Erfolgskiller*, weil sie deinen „inneren Schweinehund" sofort auf die Matte rufen.

Formuliere dein Ziel positiv!

Verwende *keine negativen Wörter* wie z. B. „kein", „nicht", „schlecht" in deiner Formulierung. Negative Wörter wecken negative Gedanken, die du auf dem Weg zu deinem Ziel nicht gebrauchen kannst.

Formuliere dein Ziel mit einem genauen Zeitpunkt!

Viele Ziele verpuffen, wenn nicht genau klar ist, bis zu welchem *Zeitpunkt* das Ziel erreicht werden soll. Die Formulierung des Zeitpunktes ist zudem wichtig für die Erfolgskontrolle.

ZIEL: ICH HABE AM SCHULJAHRESENDE EINEN SCHNITT VON MINDESTENS 2,4.

TEILZIELE UND MASSNAHMEN	BIS WANN?	ERLEDIGT
ZUSAMMENSTELLEN EINER LERNGRUPPE	SOFORT	
LERNKARTEI BESORGEN	SOFORT	
ZEITPLANSYSTEM BESORGEN	SOFORT	
EINE 2 IN ENGLISCH	30. NOV.	
FREIWILLIGES DEUTSCHREFERAT	ENDE DES JAHRES	
HALBJAHRESSCHNITT MINDESTENS 2,6	ENDE DES HALBJAHRES	

WEITERE ERFOLGSSTRATEGIEN:

- ICH STELLE JEDEN MONTAG EINEN LERNPLAN FÜR DIE WOCHE AUF.
- ICH ARBEITE MIT EINER TAGESPLANUNG.
  ICH TRAINIERE JEDEN TAG 10 MINUTEN ZUSÄTZLICH ENGLISCH-VOKABELN.
- ICH MELDE MICH IN PHYSIK MINDESTENS VIERMAL PRO STUNDE.
- ICH LERNE JEDEN MITTWOCH (16 BIS 18 UHR) MATHEMATIK UND PHYSIK MIT MEINER LERNGRUPPE.
- ICH FANGE ZWEI WOCHEN VOR JEDER KLASSENARBEIT MIT DEM ÜBEN AN.

Ziele planen mit der „Salami-Taktik"

Hast du dein Ziel richtig formuliert, dann geht es jetzt an die genaue *Zielplanung*. So wie eine Salami werden auch deine Ziele in *kleinere Scheibchen* zerteilt. Überlege dir daher konkrete Strategien, um deinen Teilzielen und schließlich dem Endziel Stück für Stück entgegenzugehen.
Fertige dazu eine Liste von möglichen Teilzielen, Maßnahmen und Aktivitäten an oder plane mit der *Mind-Map-Methode*, die auf Seite 48 beschrieben wird.
Auf Seite 34 findest du ein Beispiel für eine Zielplanung.

Zusammenfassung

- ***Ziele*** **geben dir jede Menge Energie für ein glückliches und erfolgreiches Leben. Sie sind der Motor deiner ganz persönlichen Motivation.**
- **Nimm dein Leben und deine Zukunft in die Hand. Konzentriere dich dabei auf deine *Stärken* und arbeite an Fähigkeiten, die du weiterentwickeln möchtest.**
- **Mach dir Gedanken, was du wirklich erreichen willst. Sind dir deine *Wünsche* und Ziele erst einmal klar, dann fällt es dir auch leichter, Unwichtiges zu lassen und dich auf Wichtiges zu *konzentrieren*.**

- **Formuliere deine Ziele wirkungsvoll und plane sie nach der *„Salami-Taktik"*. Zerteile deine Ziele in kleinere Etappen und lege Maßnahmen und Aktivitäten fest, damit du deine Ziele sicher erreichst.**

3. Souverän mit der Zeit umgehen

Wie kannst du in weniger Zeit mehr schaffen?

Weißt du, zu welchen Zeiten du am leistungsfähigsten bist?

Wie verschaffst du dir einen Überblick über deinen „Aufgaben-Wald"?

Der italienische Nationalökonom *Vilfredo Pareto* fand heraus, dass sich im 19. Jahrhundert 80 Prozent des Besitzes in den Händen von 20 Prozent der Bevölkerung befanden. Dieses als *Pareto-Prinzip* bekannt gewordene Phänomen hat sich bis heute in vielen Lebensbereichen bewahrheitet:

- 20 Prozent der Fußballspieler einer Mannschaft erzielen 80 Prozent der gesamten Tore.
- 20 Prozent der Schüler einer Klasse leisten 80 Prozent der mündlichen Beiträge einer Unterrichtsstunde.
- 20 Prozent der CDs auf dem Musikmarkt bringen 80 Prozent der gesamten Verkaufserlöse.

Dieses Phänomen lässt sich aber auch auf das persönliche Zeitmanagement übertragen:
20 Prozent der richtig eingesetzten Zeit bringen bereits 80 Prozent des Ergebnisses.

Dies bedeutet für dich:
Du kannst mit 20 Prozent deiner Zeit bereits 80 Prozent deiner Erfolge erzielen, wenn du sie richtig einsetzt.

Wäre es nicht schön, in Zukunft in weniger Lernzeit mehr zu schaffen?
Wie das funktioniert und was dir dabei im Einzelnen helfen kann, erfährst du auf den folgenden Seiten.

Schon *früh am Morgen* entscheidet sich, ob der anstehende Tag ein glücklicher und erfolgreicher Tag wird.

Erfolgsstrategie Nr. 1: Be happy & keep smiling!

Körper und Geist bilden eine unauflösliche Einheit. Wenn du z. B. mürrisch dreinschaust und völlig verkrampft sitzt, dann fühlst du dich auch elend. Auf der anderen Seite bist du in der Lage, durch einen freundlichen Gesichtsausdruck und eine offene Körperhaltung deine Stimmung positiv zu verändern. Achte schon zu Beginn des Tages auf deine *Körpersprache*. Je positiver sie ist, umso erfolgreicher wird der Tag verlaufen. Auch andere Menschen reagieren positiver auf einen freundlichen und offenen Menschen.

Tipp:

Dies ist eine sehr wirkungsvolle *Übung*, falls du dich einmal schlecht fühlst. Stell dich vor den Spiegel und lächle zwei Minuten ganz extrem – eine regelrechte Lachfratze. Nach der Übung wirst du dich schon wesentlich besser fühlen. Zum einen musst du über dich selbst lachen und zum anderen drückt durch das extreme Hochziehen der Mundwinkel ein Muskel in jeder Wange auf einen bestimmten Nerv, der deinem Gehirn signalisiert, *Glückshormone* auszuschütten – und das hebt deine Stimmung.

Erfolgsstrategie Nr. 2: Den Tag andenken

Stelle dir jeden Morgen folgende Fragen:

- Was unternehme ich heute, damit dieser Tag ein erfolgreicher und *glücklicher Tag* wird?
- Was unternehme ich heute, das mich meinen *Zielen* näher bringt?
- Welchem Menschen bereite ich heute eine *Freude*?

Somit startest du jeden Tag neu in die richtige Richtung.

Erfolgsstrategie Nr. 3: Powernahrung

Wenn du dich *richtig ernährst*, kannst du dich besser konzentrieren, fühlst dich besser und bist leistungsfähiger. Dabei kannst du trotzdem lauter Dinge essen, die gut schmecken. Achte darauf, dass du möglichst wenig Fett zu dir nimmst, und verzichte weitestgehend auf Süßigkeiten und süße Getränke. Power verleihen dir Vitamine, Mineralstoffe und Spurenelemente. Beherzige folgende Tipps:

- Iss morgens zum Frühstück ein leckeres *Vollkornmüsli*.
- Iss jeden Tag *frisches Obst oder Gemüse* und trinke frisch gepresste Obst- oder Gemüsesäfte.
- Trinke viel *Mineralwasser* oder Apfelsaftschorle.
- Achte darauf, dass du komplexe *Kohlehydrate* (Vollkornbrot, Vollwertnudeln, Naturreis, Kartoffeln) zu dir nimmst.

Die meisten energiearmen und dick machenden Nahrungsmittel, wie z. B. Chips, Pommes, Cola etc. schmecken, weil bestimmte Zusatzstoffe den Appetit darauf ständig anregen. Zucker wirkt ebenfalls wie eine Droge. Stell deine Nahrungsgewohnheiten auf *Gesundes* um, und es wird dir schmecken.

Erfolgsstrategie Nr. 4: Laufen ohne zu schnaufen

Steigerst du deine *körperliche Ausdauerleistung*, dann wirst du auch beim Lernen und Arbeiten ausdauernder. Du schaffst dann beim Lernen in weniger Zeit mehr. Wenn du z. B. regelmäßig langsam joggst, ohne dich dabei zu verausgaben, dann kannst du dich auch beim Lernen länger konzentrieren.

Probier es doch einfach einmal aus:

Lauf ab morgen jeden Tag eine halbe Stunde in einem Tempo, bei dem du nicht außer Atem kommst. Vielleicht findest du ja einen Freund oder eine Freundin, die mit dir läuft. Wenn ihr euch während des Laufens noch problemlos unterhalten könnt, habt ihr die richtige Geschwindigkeit. Bei diesem langsamen Tempo nimmt dein Körper *mehr Sauerstoff* auf, als deine Organe zum bloßen Funktionieren benötigen. Dieser Sauerstoff landet direkt in deinem *Gehirn* und macht deinen *Kopf freier* – du wirst leistungsfähiger und kreativer. Ähnlich funktioniert dies auch beim Radfahren, Skaten, Schwimmen, Skilanglauf …

Erfolgsstrategie Nr. 5: Alles zu seiner Zeit

Jeder Mensch hat zu bestimmten Tageszeiten ein Leistungshoch und zu anderen ein Leistungstief. Dies liegt am individuellen *Tagesrhythmus*. Im Durchschnitt sieht die Tagesleistungskurve von Menschen so aus:

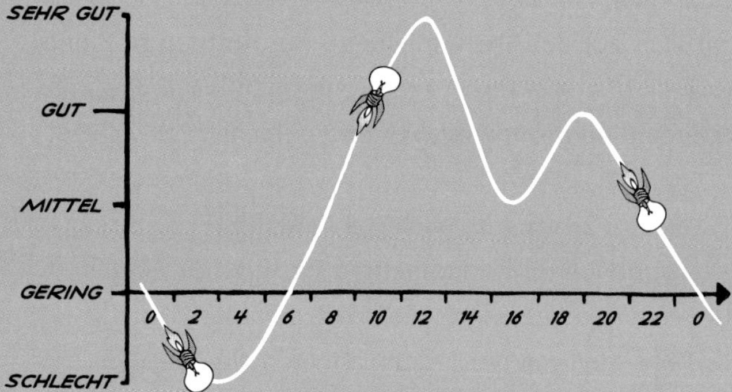

Überlege, zu welchen Zeiten du am leistungsfähigsten bist und am besten lernen kannst. Wenn du das nicht auf Anhieb sagen kannst, beobachte dich selbst in den nächsten Tagen. Lerne zu unterschiedlichen Zeiten und achte darauf, wann es am besten klappt.

Erledige deine *wichtigen Aufgaben* in Zukunft immer dann, wenn deine *Leistungskurve oben* ist. Dann schaffst du in weniger Zeit mehr.

Kampf dem Chaos

mehr Zeit für wichtige Dinge

Geht es dir auch so wie vielen Menschen, die in ihrem *„Aufgaben-Wald“* die Bäume – sprich die einzelnen Aufgaben – nicht mehr sehen? Solche Menschen sind nicht mehr in der Lage, *Wichtiges von Unwichtigem* zu unterscheiden und sich auf das Wesentliche zu konzentrieren. Einen genauen Überblick über deinen „Aufgaben-Wald“ gewinnst du, indem du deine Aufgaben unterschiedlich gewichtest.

Priorität A: Besonders wichtige Aufgaben

A-Aufgaben sind die momentan wichtigsten Aufgaben. Zum einen sind es solche, die du bis zum nächsten Tag auf alle Fälle erledigen musst, zum anderen die Aufgaben, die dich deinen Zielen näher bringen.

Priorität B: Durchschnittlich wichtige Aufgaben

B-Aufgaben folgen in ihrer Wichtigkeit den A-Aufgaben, müssen aber nicht unbedingt am gleichen Tag erledigt werden.

Priorität C: Eher unwichtige Aufgaben

C-Aufgaben haben noch Zeit und werden erst in einigen Tagen zu B- oder A-Aufgaben. Es gibt aber auch C-Aufgaben, die sich nach genauer Betrachtung als völlig unwichtig herausstellen und überhaupt nicht erledigt werden müssen.

Tipp:

Fertige einmal eine *Liste* von den Dingen an, die du morgen zu erledigen hast. Unterteile in *private und schulische Aufgaben*. Leg dann fest, welche Dinge wichtig und welche eher unwichtig sind. Versieh sie mit den Prioritätenstufen A, B und C. Überlege dann, wann du welche Aufgaben erledigen wirst.

AUFGABEN SCHULE:	PRIORITÄT:
HAUSAUFGABEN MATHEMATIK	B
HAUSAUFGABEN DEUTSCH	A
HAUSAUFGABEN BIOLOGIE	A
LERNEN FÜR ENGLISCHARBEIT	A
LERNEN FÜR GESCHICHTE	C
NEUE SCHULTASCHE KAUFEN	B
AUFGABEN PRIVAT:	
GESCHENK FÜR BERND KAUFEN	A
LENA ANRUFEN	B
30 MINUTEN JOGGEN	A
RASEN MÄHEN	C

Konzentriere dich in erster Linie auf deine *A-Aufgaben*, denn die werden dir nach dem *Pareto-Prinzip* in 20 Prozent deiner Zeit 80 Prozent deiner Erfolge bescheren.

Die Leichtigkeit des Seins

Die meisten Menschen glauben, nur dann erfolgreich sein zu können, wenn sie viele Dinge auch *schnell* erledigen. Sie laufen ihrer Zeit *hektisch* hinterher. Weil sie glauben, so viel zu tun zu haben, machen sie sogar mehrere Dinge gleichzeitig, sind aber immer weniger in der Lage, sich auf eine bestimmte Aufgabe richtig zu konzentrieren. Weil immer mehr Menschen so leben, werden immer mehr Menschen *krank durch Stress*.

Erfolg durch Gelassenheit und Konzentration

Wenn du aber Aufgaben in *Ruhe und Gelassenheit* erledigst, bist du konzentrierter, und im Endeffekt arbeitest du auch schneller.

Für den Fall, dass du von der allgemeinen Hektik angesteckt wirst, empfehlen wir dir folgende *Atemübung*:

Such dir einen ruhigen Platz, an dem du dich setzen oder legen kannst. Konzentriere dich nur auf deine Atmung. Atme durch die Nase langsam und tief ein und zähle dabei in Gedanken 1, 2, 3, 4, 5. Halt die Luft an und zähle dabei weiter 6, 7. Atme dann durch den Mund wieder aus, während du in Gedanken 6, 5, 4, 3, 2, 1 zählst. Nach einer kurzen Pause wiederholst du die Übung. Schon nach *zehn tiefen Atemzügen* fühlst du dich wieder ruhig und gelassen, um dich auf deine Aufgaben konzentrieren zu können.

Traumreisen unternehmen

Eine gute Möglichkeit, um neue Energie für die Bewältigung schulischer und privater Energien zu sammeln, sind *gedankliche Traumreisen*. Leg dich dazu an einen gemütlichen Ort und begib dich gedanklich an einen ruhigen Ort, an dem du dich besonders wohl fühlst. Dies kann z. B. ein schöner weißer Strand, eine Waldlichtung, aber auch ein Fantasieort, wie z. B. eine Stadt im Meer oder ein Planet, sein. Nimm dir die Zeit, *täglich* eine solche Traumreise zu unternehmen. Leg dazu eine ruhige Musik auf.

Zusammenfassung

- **Mit der richtigen *Einstellung*, der gedanklichen Vorbereitung des Tages, der richtigen *Ernährung* und *Bewegung* sowie der Berücksichtigung deiner persönlichen *Tagesleistungskurve* schaffst du beste Voraussetzungen, damit dein Tag gelingt.**
- **Durch das Setzen von *Prioritäten* bringst du Ordnung in deinen „Aufgaben-Wald" und kannst dich auf das Wesentliche konzentrieren – auf die Dinge, die dich deinen schulischen und privaten Erfolgen näher bringen.**

- **Wenn du dies schaffst, dann bist du in Lage, *gelassen* in die *Zukunft* zu blicken und ein *„Meister deiner Zeit"* zu werden. Du wirst so mit viel Übersicht in weniger Zeit mehr erreichen.**

4. So wird's gemacht

Planen wie ein Profi

Kennst du die Mind-Map-Methode?

Was solltest du bei deiner Tagesplanung beachten?

Wie kannst du ein „Meister deiner Zeit" werden?

Nun ist es soweit: Du kannst durchstarten mit deinem *Profi-Zeitmanagement.*

Wie du mittlerweile weißt, beginnt jedes Zeitmanagement mit der Festlegung der *persönlichen Ziele* (siehe Seite 30). Die geplanten Maßnahmen und Aktivitäten zur Erreichung deiner Ziele spiegeln sich schließlich in deiner *Tagesplanung* wider. Mit einem *Erfolgstagebuch* verschaffst du dir zusätzlich einen täglichen Überblick über deine Wünsche und Ziele. Als eine Hilfe zur Planung legen wir dir die *Mind-Map-Technik* ans Herz. Sie ist eine hervorragende Methode, die sowohl die Fähigkeiten deiner linken logischen Gehirnhälfte als auch deiner rechten fantasievollen Gehirnhälfte einbezieht.

Planen mit Mind Maps

Diese Methode eignet sich übrigens für alle Planungen, z. B. für eine Ideensammlung, für das Erstellen eines Erinnerungszettels, für die Planung eines Aufsatzes, für die Vorbereitung eines Referates oder für das Schreiben eines Spickzettels.

Auf den kommenden beiden Seiten stellen wir dir die Technik des Mind Mapping vor. Dort findest du auch ein Planungsbeispiel. Sollten dich diese und weitere Arbeitstechniken näher interessieren, empfehlen wir dir unser Buch *„Lernspaß – fit in 30 Minuten"* und die Software *„eMindMaps" (siehe Hinweis Seite 62).*

Mind Maps

Planen mit der Mind-Map-Technik

Mit *Mind Maps* (Ideenkarten) verschaffst du dir einen optimalen Überblick über die zu planenden Dinge. Mind Maps können ständig mit neuen Ideen ergänzt und erweitert werden. Daher gilt diese Technik als beliebteste Methode zum *Ideensammeln* und *Planen*. Sie funktioniert so:

- Schreib das *Thema*, mit dem du dich beschäftigen möchtest bzw. zu dem du dir Gedanken machen möchtest, *in die Mitte* eines großen weißen Papiers – verwende möglichst eines ohne Linien und Kästchen.
- Von der Mitte ausgehend zeichnest du für jeden Hauptpunkt einen eigenen *Ast*. Unterpunkte fügst du als Seitenäste hinzu.
- Verwende *Schlüsselwörter* zur Bezeichnung der Haupt- und Seitenäste und nur wenige Stichwörter anstelle inhaltlicher Ausführungen.
- Veranschauliche deine Ideen zusätzlich mit *farbigen Markierungen* und *Symbolen*. Du kannst auch Pfeile zwischen den einzelnen Ästen machen, um Zusammenhänge hervorzuheben.
- Wenn du eine Ideenkarte fertig gestellt hast, solltest du sie dir bildlich einprägen. Versuche, sie als Ganzes mit deinen Augen *„abzufotografieren“* und somit in deinem Gedächtnis zu speichern.

Diese Technik wird übrigens gerade im Managementbereich zur Ideensammlung und Planung erfolgreich eingesetzt. Im Folgenden findest du eine *Mind Map als Beispiel*.

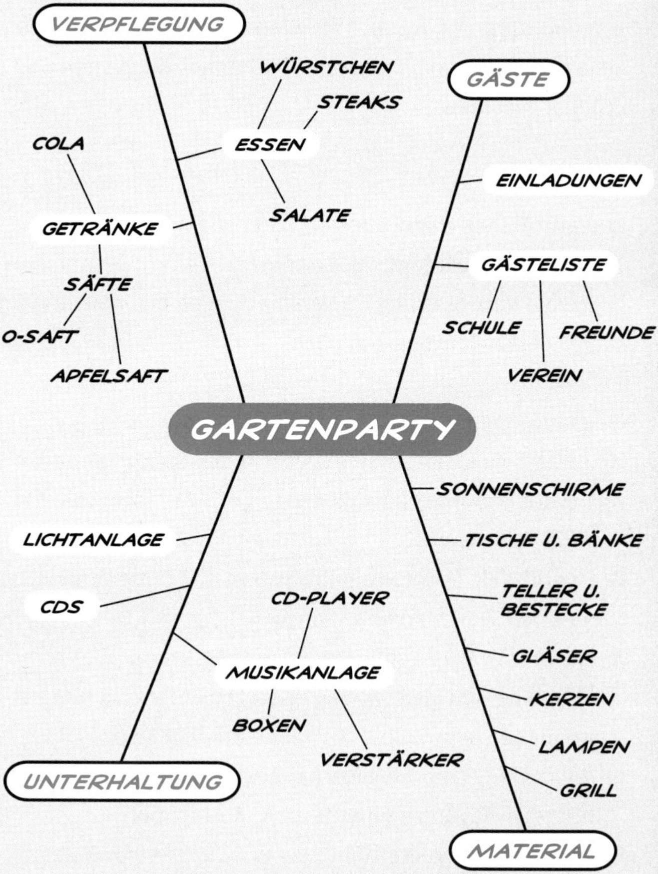

PLANUNG EINER GARTENPARTY

So planst du deinen Tag

Ein professionelles Zeitmanagement beinhaltet immer auch eine *Planung des Tages*. Hier werden deine Ziele in den kleinsten Etappen umgesetzt. So kannst du deinen Tag optimal gestalten:

Termine

In dieser Rubrik trägst du *feste Termine* für den jeweiligen Tag ein. Dazu zählen z. B. Unterricht, deine persönliche Lernzeit, Freizeitaktivitäten, Verabredungen etc. Mache die *Dauer* deiner Termine kenntlich.

Hausaufgaben

Hier trägst du alle Hausaufgaben ein, die du *am aktuellen Tag* aufbekommen hast. Versehe jede Aufgabe mit der *Priorität A, B oder C.*

- *Priorität A:* Diese Aufgabe musst du *unbedingt am gleichen Tag* erledigen.
- *Priorität B:* Diese Aufgabe ist wichtig, muss aber nicht unbedingt am gleichen Tag erledigt werden. Du nimmst sie dir vor, wenn die A-Aufgaben erledigt sind.
- *Priorität C:* Diese Aufgabe hat noch Zeit und wird in den nächsten Tagen zu einer B- bzw. A-Aufgabe.

In der rechten Spalte hakst du *erledigte Aufgaben* ab. Solltest du eine hier eingetragene Aufgabe auf einen anderen

Tag übertragen, dann mache dies mit einem Zeichen kenntlich.

Zusätzliches Lernen

In dieser Rubrik kannst du dein *zusätzliches Lernpensum* notieren, um dich z. B. auf eine Klassenarbeit vorzubereiten, um Lernstoff zu wiederholen, Wissenslücken zu schließen etc.

Private Planungen

Trage hier deine *privaten Aufgaben* ein. Hake die erledigten Sachen ab und übertrage Unerledigtes auf einen anderen Tag.

Das Launometer des Tages

Es ist sinnvoll, am Ende eines Tages ein *Resümee* zu ziehen. Entscheide, wie dein Tag schulisch und privat gelaufen ist.

Auf den Seiten 52 und 53 findest du als Beispiel einen *ausgefüllten Tagesplan*.

Tipp:

Kopiere dir den unausgefüllten Tagesplan auf den Seiten 54 und 55 oder fordere kostenlose und unverbindliche Informationen über unseren *Schüler-Timer* an:

Das LernTeam, Frankfurter Straße 42, 35037 Marburg
Fon: (0 64 21) 1 69 69 - 0, Fax: (0 64 21) 1 69 69 29
Internet: www.lernteam.de, e-mail: info@lernteam.de

Tagesplan

TAG	MONTAG, 14. NOVEMBER	
ZEIT		OK
7.00		
8.00	SCHULE	
9.00		
10.00		
11.00		
12.00		
13.00		
14.00	JOGGEN	✗
15.00		
16.00	HAUSAUFGABEN	✗
17.00		
18.00		
19.00	ZUSÄTZLICHES LERNEN	✗
20.00		
21.00	KINO	✗
22.00		

Tagesplan

TAG	MONTAG, 14. NOVEMBER	
PRIORITÄT		OK
	HAUSAUFGABEN	
A	ENGLISCH: VOKABELHEFT	✗
A	MATHE: AUFGABEN S. 86, 2A-G	✗
A	DEUTSCH: TEXT S. 24-26 LESEN	✗
B	GESCHICHTE: TEXTE FÜR REFERAT	
C	BIOLOGIE: MAPPE ORDNEN	
	ZUSÄTZLICHES LERNEN	
A	ENGLISCH: GRAMMATIK S. 16-18	✗
	PRIVATE PLANUNGEN	
A	TOM ANRUFEN	✗
A	ISDN-KARTE BESTELLEN	✗
B	GESCHENK FÜR SANDRA	

LAUNOMETER

SCHULISCH 1 ✗ 3 4 5

PRIVAT ✗ 2 3 4 5

Tagesplan

TAG

ZEIT		OK

Tagesplan

TAG		
PRIORITÄT		OK

LAUNOMETER

SCHULISCH 1 2 3 4 5

PRIVAT 1 2 3 4 5

Führe ein Erfolgstagebuch

Mit deinem Erfolgstagebuch verschaffst du dir einen Überblick über deine *persönlichen Ziele und Erfolge*. Das macht nicht nur Spaß, sondern spornt dich auch zu weiteren Höchstleistungen an. Teile dieses Buch in *drei Teile* ein:

1. Meine schulischen und privaten Ziele

Auf der ersten Seite deines Erfolgstagebuchs trägst du deine *Ziele für das laufende Jahr* ein.

2. Mein Tag

Beantworte dir an dieser Stelle *jeden Tag* folgende Fragen:

- Was habe ich heute unternommen, um meine Ziele zu erreichen?
- Was habe ich heute gut gemacht?
- Was von dem, das ich heute getan habe, mache ich demnächst anders (und wie)?
- Was habe ich heute Neues gelernt?
- Welcher Mensch hat mich heute begeistert (und warum)?
- Was hat mir heute besonders Spaß gemacht (und warum)?
- Welchem Menschen habe ich eine Freude bereitet?
- Um welchen Menschen habe ich mich heute gekümmert?
- Was nehme ich mir morgen vor?

Nimm dir am Ende eines jeden Tages Zeit, in dein *Tagebuch* zu schreiben. Es müssen keine Romane sein, *kurze schriftliche Gedanken* reichen vollkommen aus. Du musst auch nicht jeden Tag zu allen Fragen eine Antwort finden. Nach einiger Zeit wird dieses persönliche Buch einen festen Platz in deinem Leben haben und dir *viel Spaß* bereiten.

3. Meine Ideenbank

Hier schreibst du alle *Ideen* auf, die dir *spontan einfallen*. So gehen sie dir nicht verloren und können dir vielleicht zu einem späteren Zeitpunkt eine Hilfe sein.

Zusammenfassung

- **Deine persönlichen *schulischen und privaten Ziele* sind der Ausgangspunkt für die Planung deiner Zeit. Alle Maßnahmen und Aktivitäten zur Erreichung dieser Ziele sind besonders wichtig. Für sie setzt du einen entsprechenden Teil deiner Zeit ein.**
- **Planen kannst du optimal mit der *Mind-Map-Technik*. Mit dieser Methode verschaffst du dir einen Überblick über deine Ideen und Maßnahmen.**

- **Geplante Maßnahmen und Aktivitäten überträgst du schließlich in deine *Tagesplanung*.**
- **Um immer auf *Zielkurs* zu bleiben, empfehlen wir dir das Führen eines *Erfolgstagebuches*. Somit hast du deine Ziele und Erfolge ständig im Blick.**

7
6
5
4
3
2
1

7

GENIESSE DEIN LEBEN UND DEINE ERFOLGE.

6

PLANE JEDEN TAG. BEHALTE TÄGLICH DEN ÜBERBLICK ÜBER DEINE ZIELE, TERMINE UND AUFGABEN.

5

KONZENTRIERE DICH AUF DIE WICHTIGEN DINGE. SETZE DEINE ENERGIE VOR ALLEM DA EIN, WO SIE DIR ERFOLGE BESCHERT.

4

CARPE DIEM. BESIEGE DEINE ZEITDIEBE UND NUTZE DEINE ZEIT SINNVOLL.

3

PLANE DEINE ZIELE. LEGE FEST, WAS DU KONKRET UNTERNEHMEN WIRST, UM DEINE WÜNSCHE UND ZIELE ZU VERWIRKLICHEN.

2

SUCHE DIR IMMER NEUE HERAUSFORDERUNGEN, DIE DU MEISTERN KANNST. SEI AKTIV UND KREATIV - SO HAST DU VIELE FLOW-ERLEBNISSE.

1

ENTWICKLE DEINEN GANZ PERSÖNLICHEN ZUKUNFTS-TRAUM. LERNE DIE AUSSERGEWÖHNLICHE ENERGIE KENNEN, DIE VON TRÄUMEN UND VISIONEN AUSGEHT.

Die Leiter zum Erfolg

Zum Abschluss dieses Themas, das dir hoffentlich eine Menge Ideen und Eindrücke vermittelt hat, wollen wir dir unsere *Erfolgsleiter* vorstellen. Du findest sie auf den Seiten 58 und 59. Jede Sprosse bietet dir einen Tipp, dessen Umsetzung dich deinen persönlichen Erfolgen Stück für Stück näher bringt.

Erklimme die Leiter – und du hast in Zukunft alle Zeit der Welt, um deine Wünsche zu verwirklichen und deine Erfolge zu genießen. Du wirst ein *„Meister deiner Zeit"*!

Viel Spaß dabei wünschen dir

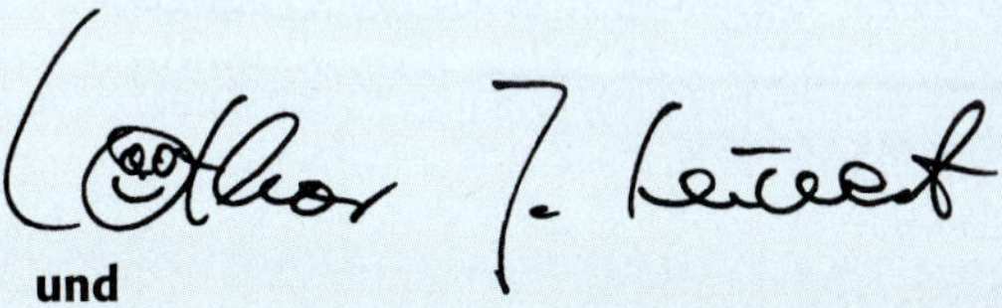

und

Empfehlenswerte Produkte

Weiterführende Bücher

Konnertz, Dirk & Sauer, Christiane: *Abi mit Methode* Bayreuth: Schmidt Verlag 1998

Konnertz, Dirk & Sauer, Christiane: *Fit für die Zukunft* Bayreuth: Schmidt Verlag 1999

Liberty, Gene: *Was ist was? Band 22: Die Zeit* Nürnberg: Tessloff-Verlag 1990

Schmidt, Josef & Wollner, Hilmar: *Zeitsouveränität* 4. Auflage. Bayreuth: Schmidt Verlag 1999

Seiwert, Lothar J.: *Das Bumerang-Prinzip: Don't hurry, be happy* München: Gräfe und Unzer Verlag 2003 (www.bumerang-prinzip.de)

Seiwert, Lothar J.: *Das Bumerang-Prinzip: Mehr Zeit fürs Glück* 4. Auflage. München: Gräfe und Unzer Verlag 2003 (www.bumerang-prinzip.de)

Seiwert, Lothar J.: *Das neue 1x1 des Zeitmanagement* 25. Auflage. München: Gräfe und Unzer Verlag 2003 (www.seiwert.de)

Seiwert, Lothar J.: *Wenn Du es eilig hast, gehe langsam* 8. Auflage. Frankfurt: Campus-Verlag 2003 (auch als Hör-CDs erhältlich)

Seiwert, Lothar J. & Gay, Friedbert: *Das 1x1 der Persönlichkeit* 10. Auflage. Offenbach: GABAL Verlag 2003 (auch als Hörbuch erhältlich)

Seiwert, Lothar J. & Kammerer, Doro: *Endlich Zeit für mich! (Zeitmanagement für Frauen)* 2. Auflage. Landsberg: mvg-Verlag 2000

Empfehlenswerte Produkte

Zeitplansystem für Schüler
JAKO-O & Das LernTeam: *Der JAKO-O-Schülerplaner*
Zeitplansystem für Schüler als Wochenplaner.

Monatlicher Newsletter (für die Eltern)
Lothar J. Seiwert-Brief: Work-Life-Coaching –
für ein Leben in Balance.
Monatlicher Beratungs- und Trainingsbrief.
München: Aktuell Verlag im Olzog Verlag 2000 ff
(www.coaching-briefe.de)

Mind Mapping-Software
eMindMaps™ (Mind Mapping für die Schule)
Kreatives Ideenmanagement.
Alzenau: Mindjet GmbH
(www.emindmaps.de)

Kostenloser E-mail-Coaching-Service
Seiwert-Tipp: 1 Minute lesen – 1 Stunde Zeit fürs Glück
Kurzer, knapper *e-Newsletter* mit praktisch umsetzbarem Sofortnutzen (*kostenlos*, erscheint wöchentlich).
Zu abonnieren unter:
www.seiwert.de und www.bumerang-prinzip.de

Stichwortregister

Kein Mensch ist so beschäftigt, dass er nicht die Zeit hätte, überall zu erzählen, wie beschäftigt er ist.
(Robert Lembke)

Gott schuf die Zeit. Von Eile hat er nichts gesagt.
(Ein Insulaner)

Motivation

Inhalt

Hallo und herzlich willkommen!

Oft benutzen wir das Wort Motivation ohne zu wissen, was es genau bedeutet. Das Wort Motor steckt darin, und das heißt übersetzt „Beweger". Weiter gedacht ist Motivation:

- Begeisterung für die Wünsche, die du dir erfüllen, und die Ziele, die du erreichen willst,
- eigene Energie und Zuversicht für den Weg dorthin,
- Freude an jedem einzelnen Schritt dieses Wegs sowie
- Kraft und Durchhaltevermögen, wenn es mal nicht so gut klappt.

Motivation hat also immer etwas mit richtungsbestimmtem und kraftvollem Handeln zu tun. Doch das funktioniert nur dann, wenn *du selbst* die Richtung vorgibst und sie dir nicht von anderen vorgeben lässt – und dazu brauchst du Mut, Erfolg und vor allem Spaß an der Sache!

Zu mehr Mut...
soll dir das erste Kapitel verhelfen. Hier erfährst du, wie wichtig es ist, selbst Verantwortung zu übernehmen – für deine Erfolge wie für deine Misserfolge –, und was du tun kannst, um ein richtiger Abenteuerheld zu werden.

Zu mehr Erfolg …

wollen wir mit dem zweiten und dritten Kapitel beitragen. Erfolg ist im Wesentlichen das Ergebnis einer guten Planung, der klugen Nutzung deiner Stärken und einer Hand voll effektiver Strategien, um Schwierigkeiten und Hindernisse in den Griff zu bekommen. Erfolge sind wichtig, denn jeder Erfolg, ob klein oder groß, spornt dich zu weiteren Taten an.

Zu mehr Spaß …

möchten wir natürlich mit dem ganzen Buch beitragen. Im vierten Kapitel erfährst du dazu außerdem, dass es gut ist, nicht immer auf dem direkten Weg deinen Zielen hinterherzuhetzen, sondern auch mal Umwege zu gehen und Seitenstraßen zu besuchen. Denn gerade dort kannst du oft viel erleben.

Unser Buch beschreibt eine Abenteuerreise vom Start bis zum Ziel. Wenn du mitreisen willst, also den Weg zu deinen eigenen Wünschen und Zielen finden möchtest, dann bearbeite nacheinander die zehn im Buch verteilten Aufgaben. Leg dir dazu beim Lesen einen Stift und Papier bereit.

Viel Mut, Erfolg und Spaß bei deiner Abenteuerreise wünschen dir

Reinhard K. Sprenger & Christiane Sauer
(www.sprenger.com) (www.lernteam.de)

1. Auf zu neuen Abenteuern!

Was hat Freiheit mit Selbstverantwortung zu tun?

Möchtest du ein Held sein?

Hast du Lust auf eine Abenteuerreise?

Von Glück und Pech

Beim letzten Tennismatch bist du so gut gewesen, dass du deinen Mitspieler regelrecht vom Platz gefegt hast? Super, gratuliere – das war sicher kein Glück, das war Können! Aber wie steht es denn mit dem letzten Fußballspiel, das ihr 3:0 verloren habt? Vielleicht denkst du jetzt, das war Pech? Die anderen haben zu oft gefoult und der Schiedsrichter hat trotzdem immer für die andere Mannschaft gepfiffen?
Sicher merkst du schon, worauf wir hinaus wollen: Wenn alles gut läuft, dann schreiben viele Menschen das gern ihrem eigenen Können zu. Geht allerdings etwas schief, dann gibt man gerne die Verantwortung dafür ab und sucht nach anderen Schuldigen.

Du hast die Wahl!

Aber hast du schon mal Spitzensportler nach einer Niederlage sagen hören, der Boden sei rutschig, das Publikum zu laut oder das Wetter zu schlecht gewesen? Nein, im Gegenteil: Oft loben sie ihren Gegner sogar, übernehmen selbstkritisch die volle Verantwortung für ihre Fehler und suchen nach Wegen, sich zu verbessern.
Du hast die Wahl: So wie ein guter Sportler an seinen Erfolgen und damit an seinem Glück arbeitet, so kannst du auch an deinem Glück arbeiten – im Sport, in der Schule und in allen anderen Bereichen deines Lebens!

Abenteuer

Wer bist du?

Niko geht in die 7. Klasse des Gymnasiums. Seit der 5. Klasse sind seine Noten in Mathe, Englisch und Deutsch langsam aber sicher immer schlechter geworden. Mittlerweile steht er in allen drei Fächern zwischen 4 und 5.
Wenn morgens der Wecker klingelt, bekommt Niko schon die erste Krise und würde am liebsten liegen bleiben. Langsam quält er sich aus dem Bett und trödelt meistens so lange herum, dass er von seinen Eltern den ersten Schwung Ermahnungen bereits vor der Schule abbekommt. Aber das ist er mittlerweile schon gewöhnt, und wie der Rest des Tages aussieht, weiß er auch schon ziemlich genau: vormittags Langeweile und Ärger in der Schule und nachmittags Streit mit den Eltern – und immer dreht sich alles ums Lernen.

Nach der Schule, wenn Niko zu Mittag gegessen hat, macht er erst mal eine Pause. Weil er aber fast nie Lust hat, Hausaufgaben zu machen oder für die nächste Klassenarbeit zu üben, dehnt er die Pause meistens bis zum Abend aus. Den ganzen Nachmittag über nervt ihn dann seine Mutter, dass er jetzt endlich anfangen solle zu lernen, und sie kontrolliert, ob er auch am Schreibtisch sitzt und arbeitet. Oft liegt sie ihm auch noch damit in den Ohren, dass er wenigstens eine halbe Stunde Klavier üben soll, sonst lohne sich der teure Unterricht doch gar nicht. Viel lieber würde Niko jedoch Schlagzeug spielen.

Spätestens wenn Nikos Vater nach Hause kommt, knallt es richtig. Seit einiger Zeit kontrolliert er jeden Abend, ob Niko gelernt hat. Der Grund dafür ist eine unterschlagene 6 in Mathe. Niko hatte sich so geschämt, dass er erst nach drei Wochen die verpatzte Arbeit gebeichtet hat. Und seit der 6 hat Niko überhaupt keine Lust mehr zum Lernen. Außerdem fühlt er sich vom Mathelehrer ungerecht behandelt. Die Arbeit war viel zu schwer, eine Aufgabe konnte Niko nicht richtig lesen und auf dem Schulhof war es die ganze Zeit viel zu laut.

Heute hat Niko seit langer Zeit mal wieder eine gute Note für ein Referat bekommen. Allerdings – so richtig freuen kann er sich nicht darüber. Zwar hat der Lehrer nicht gemerkt, dass er das Referat aus dem Internet gezogen hat, aber naja, es war eben auch nicht seine eigene Leistung, für die er die 2 bekommmen hat.

Wo das alles noch hinführen soll, weiß Niko nicht. Oft hat er das Gefühl, dass seine Eltern und Lehrer dauernd an ihm rumzerren und wollen, dass er Dinge tut, die ihm keinen Spaß machen. Manchmal fühlt sich Niko richtig an die Wand gedrückt.

Sarah hat einen guten Realschulabschluss und deshalb beschlossen, dass sie das Abitur machen will. Seit einigen Wochen ist sie nun in der 11. Klasse des Gymnasiums. Zwar hat sie schnell neue Freunde gefunden, aber sonst läuft es alles andere als gut. In fast allen Fächern hat Sarah die ersten Arbeiten schlecht geschrieben. Einen Grund dafür sieht sie in der vielen Textarbeit, die ihr nicht so gut liegt, im Gymnasium nun aber in vielen Fächern von ihr verlangt wird. Irgendwie hatte sie sich das alles einfacher vorgestellt. Das größte Problem aber sind Chemie und Bio bei Herrn Hauff, ihrem Klassenlehrer. In Chemie war Sarah noch nie gut und außerdem hat sie das Gefühl, dass Herr Hauff sie nicht besonders mag. O.k., anfangs war sie auch nicht besonders nett zu ihm, aber jetzt unterstellt er ihr Faulheit, obwohl sie wirklich viel lernt, und droht ihr mit Sitzenbleiben, statt sie zu unterstützen.

Ihr Ziel, das Abitur zu machen, hat Sarah weiter fest vor Augen, aber so wie es jetzt ist, kann es nicht weiter gehen. Das steht fest! Mit Freunden und ihren Eltern bespricht sie ihre Situation und unternimmt anschließend Folgendes: Zunächst führt sie ein klärendes Gespräch mit ihrem Klassenlehrer. Außerdem organisiert sie sich einen Nachhilfelehrer für Chemie und Bio, den sie von ihren Eltern „gesponsert" bekommt.

Das Problem mit der Textarbeit will Sarah selbst in den Griff bekommen. Sie ist sehr zuversichtlich, dass sie das schafft. Sie hat sich zwei Bücher aus der Schülerbücherei ausgeliehen, die sie nun Stück für Stück durcharbeitet. Erste Erfolge hat sie schon: Die letzte Deutscharbeit war eine 3 und darauf ist sie richtig stolz – das spornt natürlich an! Übrigens, Sitzenbleiben findet Sarah längst nicht so schlimm wie ihr Klassenlehrer. Sie will das Schuljahr auf alle Fälle noch einmal wiederholen, denn darin sieht sie die beste Chance, um alle Löcher stopfen und dann gut in die 12. Klasse starten zu können!

Als Belohnung für das viele Lernen und als Ausgleich für die ganzen Strapazen hat sich Sarah im „Dance Shop" angemeldet. Das Tanztraining macht ihr viel Spaß, auch wenn es manchmal ganz schön hart ist. Aber die Mühe lohnt sich. Sarah ist bald schon so gut, dass sie bei der nächsten Aufführung eine Hauptrolle tanzen darf.

Niko und Sarah befinden sich beide in schwierigen Situationen. Doch wie du beim Lesen sicher festgestellt hast, gehen sie damit sehr unterschiedlich um.

Erkennst du dich wieder?

Überlege einmal genau, wem du in deinem Verhalten und in deiner inneren Einstellung mehr ähnelst. Kreuze dazu einfach alle Aussagen von Niko und Sarah an, in denen du dich wieder erkennst.

Niko sagt:

- „Wie es mit der Schule weitergeht, ist mir egal. Was soll ich auch tun? Meinen Eltern wird schon eine Lösung einfallen."
- „Ums Lernen drücke ich mich, so gut es geht. Manchmal tue ich dann doch was, damit meine Eltern endlich Ruhe geben."
- „Wenn es erst mal schlecht läuft, ist sowieso alles zu spät. Wozu dann noch die Mühe?"
- „Was mir wichtig ist? – Keine Ahnung. Ständig meckern alle an mir rum."
- „Viele Lehrer legen es nur darauf an, dass ich Probleme bekomme. Ich habe meistens Pech."

- „Ich mogel mich oft durch: mit Abschreiben, Referaten aus dem Internet etc. Besonders stolz kann ich dann nicht auf mich sein."

Sarah sagt:

- „Meistens weiß ich sehr genau, was ich will. Ich habe meine Ziele, z. B. das Abitur, fest vor Augen."
- „Ich versuche alles, um meine Ziele zu erreichen. Rückschläge oder Hindernisse sind zwar unangenehm, aber normal. Sie werfen mich nicht gleich aus der Bahn."
- „Bei Problemen suche ich immer Lösungen und Alternativen. Manchmal helfen mir Freunde oder meine Eltern dabei."
- „Ohne Fleiß kein Preis. Leider stimmt dieser Satz, aber ich habe eine Menge Ausdauer und einen starken Willen, z.B. auch dann zu lernen, wenn ich keine Lust habe."
- „Ich bin sehr stolz auf mich, wenn sich meine Mühen gelohnt haben und ich z.B. eine gute Note bekomme oder die Hauptrolle im Musical tanzen darf."
- „Trotzdem, ich bin sehr selbstkritisch und frage mich oft, was ich besser oder anders machen kann."

Sei dein eigener Chef!

Sicher ist dir schon beim Lesen und Ankreuzen klar geworden, welche Nach- bzw. Vorteile das Verhalten von Niko und von Sarah hat.

Niko überlässt sein Schicksal anderen

Niko hat sich selbst in seine missliche Lage hineinmanövriert, aber er selbst unternimmt nichts, um seine Situation zu ändern. Wie es weitergeht, überlässt er lieber seinen Eltern. Sogar die Wahl seiner Freizeitbeschäftigung, das Klavierspielen, überlässt er seinen Eltern. Und statt sich einzugestehen, dass er für bessere Noten mehr lernen muss, sieht er sich als Opfer einer heimlichen Verschwörung seiner Lehrer. Niko weiß nicht, was er will. Er hat keine eigenen Ziele und Wünsche und damit hat er die Verantwortung für seine Zukunft abgegeben. Nikos Verhalten hat viele Nachteile:

- Er weiß nicht, was er will, also entscheiden andere, was er tun soll – doch das macht ihm meistens keinen Spaß.
- Da er sich nicht selbst kontrolliert, kontrollieren ihn seine Eltern und Lehrer umso mehr.
- In der Schule wird Niko immer schlechter. Dadurch verliert er sein Selbstvertrauen. Er fühlt sich mies.

Sarah entscheidet selbst

Auch Sarahs Situation ist brenzlig. Allerdings will sie selbst etwas daran ändern. Sie wartet nicht ab, was passiert oder was ihre Eltern mit ihr vorhaben, sondern handelt selbstständig. Zunächst überlegt sie, wo sie Fehler gemacht hat und wo ihre Probleme liegen. Mit Hilfe ihrer Freunde und Eltern sucht sie anschließend nach Lösungen. Und dann handelt Sarah: Sie spricht mit ihrem Lehrer, nimmt Nachhilfe und lernt mehr, um ihre Lücken zu schließen. Sarah übernimmt Verantwortung für ihr Handeln – auch für die Fehler, die sie gemacht hat! Ihr Verhalten hat folgende Vorteile:

- Sarah hat eigene Wünsche und Ziele, die sie verwirklichen will. Das macht Spaß.
- Weil sie sich selbst im Griff hat, müssen ihre Eltern sie nicht kontrollieren. Es gibt deswegen keinen Streit.
- Sarah wird in der Schule immer besser. Jeder kleine Erfolg stärkt ihr Selbstvertrauen und spornt sie zu weiteren Erfolgen an. Lernen macht plötzlich wieder Spaß!

Übernimm Verantwortung für dich selbst

Je mehr du selbst entscheidest, was zu tun ist, und selbst handelst, umso eher wirst du deine eigenen Ziele verwirklichen können und – umso glücklicher wirst du sein. Das gilt übrigens nicht nur für die Schule: Nur wenn z.B. eine Freundschaft für beide Partner, also auch für dich, sinnvoll ist, kannst du dabei richtig Spaß haben. Nur wenn du einen Konflikt selbst löst und dies nicht anderen, z.B. deinen Eltern, überlässt, fühlst du dich nicht als hilfloses Opfer, sondern steigerst dein Selbstbewusstsein.

Aufgabe 1

Schreib auf, wo du in Zukunft noch mehr Verantwortung für dich selbst übernehmen möchtest und welche Vorteile das für dich haben wird. Sicher fallen dir noch weitere als die folgenden Bereiche ein:

- beim Lernen, bei den Hausaufgaben,
- bei Streit und Meinungsverschiedenenheiten,
- bei deiner Freizeitgestaltung,
- bei der Urlaubsplanung,
- bei der Wahl deiner Freunde,
- bei der Wahl der Schulform: Abitur, Realschule etc.

Von Harry Potter, Huckleberry Finn und anderen Abenteuerhelden

Träumst du auch manchmal davon, ein Held zu sein, der, mutig und erfolgreich wie Harry Potter, Abenteuer besteht oder unbeschwert und frei wie Huckleberry Finn, in den Tag hineinlebt? Keine Frage, ein Heldenleben ist schon sehr reizvoll: Helden sind beliebt und sie haben ein spannendes und aufregendes Leben. Welche Abenteuerhelden begeistern dich?

Allerdings – es ist noch niemand aus Zufall zum Helden geworden. Wenn Harry Potter gegen Lord Voldemort kämpft, oder Huckleberry Finn ohne Eltern zurechtkommen muss, dann beweisen beide nicht nur Mut und Stärke, sondern sie übernehmen auch die volle Verantwortung für ihr Handeln – auch für ihre Fehler.
Helden stehen zu ihren Entscheidungen, obwohl sie oft viele Risiken eingehen und Hindernisse überwinden müssen, bevor sie ihre Ziele erreichen. Auch bei Helden geht nicht immer alles glatt, aber sie geben nie auf und suchen immer nach neuen Lösungen und Wegen. Helden haben Durchhaltevermögen. Und – Helden sind nicht egoistisch. Sie wollen immer das Beste, auch für andere, und oft übernehmen sie sogar Verantwortung für Schwächere.

Keine Angst vor der Freiheit

Wer frei und selbstständig sein will, muss Verantwortung für sich übernehmen. Doch genau davor fürchten sich die meisten Menschen. Sie machen sich selbst zum Opfer und suchen nach tausend Gründen, warum sie angeblich keine Wahl haben, an ihrer Situation etwas zu verändern.
Warum tun sie das? Ganz einfach: So lange die anderen Schuld haben – die Lehrer an den schlechten Noten oder die Eltern am langweiligen Urlaub – so lange brauchen sie sich nicht zu ändern oder selbst etwas zu tun. Also: Nur Mut! Sei dein eigener Chef und werde zum Held. Auch wenn es nicht immer leicht ist – es lohnt sich!

Das Leben ist ein Abenteuer – und was hat das mit Motivation zu tun?

Die folgenden zwei Regeln stimmen fast immer:

1. Energie von außen = Kontrolle von außen

Solange die Energie (der Antrieb, der Grund oder die *Motivation*) für dein Handeln von außen kommt (von Eltern, Lehrern, Freunden, den „Umständen" etc.), wirst du auch von außen kontrolliert. Nicht du, sondern andere steuern dann dein Leben! Lernst du z. B. nur dann, wenn dich deine Eltern dazu ermahnen, dann ist es verständlich, dass sie dich auch in Zukunft immer öfter ermahnen und genauer kontrollieren werden.

2. Energie von innen = Kontrolle von innen

Wenn du aber selbst entscheidest, z. B. welche Sportart für dich die richtige ist oder dass du eine bessere Note in der nächsten Mathearbeit haben möchtest, dann sitzt du selbst am Steuer und bestimmst, wohin die Reise geht. So wird es dir viel leichter fallen, die Energie bzw. *Motivation* zum Training oder zum Lernen aufzubringen, dich also selbst zu kontrollieren, um dein Ziel zu erreichen.

Wenn du dir deine Wünsche und Ziele nicht von anderen vorgeben lässt, sondern selbst entscheidest, wohin deine Reise gehen soll, dann liegt ein spannendes Leben vor dir.

Als Abenteurer wirst du

- interessante Chancen und Möglichkeiten ergreifen,
- ungewöhnliche Dinge ausprobieren,
- Herausforderungen annehmen und meistern,
- deine Fähigkeiten erweitern und ganz Neues dazulernen,
- Misserfolge und Hürden überwinden,
- tolle Erfolge haben und stolz auf dich sein
- und noch mehr Kraft und Energie für weitere Abenteuer bekommen.

Also: Auf zu neuen Abenteuern und gute Reise!

Zusammenfassung

- **Du hast die Wahl, andere über dich und deine Zukunft entscheiden zu lassen oder – besser – für dich selbst Verantwortung zu übernehmen und deine eigenen Wünsche und Ziele zu verwirklichen.**
- **Wenn du Verantwortung für dich selbst trägst – für deine Erfolge und deine Niederlagen –, dann bist du dein eigener Chef und damit freier und selbstständiger.**

- **Glücklich, stark und frei wie ein Held wirst du dich immer dann fühlen, wenn du Herausforderungen annimmst, dir Erfolge selbst erarbeitest und Misserfolge selbstständig überwindest.**
- **Dein Leben wird also dann zu einem tollen Abenteuer, wenn du selbst entscheidest, wo die Reise hingeht, und du selbst das Steuer übernimmst.**

2. Reisevorbereitungen treffen

Wohin soll deine Reise gehen?

Kennst du deine persönlichen Wegweiser und Stärken?

Wie planst du deine Reiseroute?

Die Fabel vom Tiger

Es war einmal ein kleiner Tiger, der sich auf den Weg machte, sein Glück zu finden. Bald traf er ein Faultier, das müde in einem Baum hing. „Wo willst du denn hin“, fragte das Faultier. „Ich bin auf der Suche, mein Glück zu finden“, antwortete der kleine Tiger. „Dann mach es wie ich“, sagte das Faultier, „bleib einfach hier liegen.“ „So einfach ist das also“, dachte der kleine Tiger und legte sich auf den Boden. Nach zwei Tagen war er vom vielen Rumliegen aber so unglücklich, dass er sich vom Faultier verabschiedete und traurig weiterzog. Bald darauf traf er eine Giraffe, die an den obersten Blättern eines Baumes knabberte. „Wo willst du denn hin“, fragte die Giraffe. „Ich bin auf der Suche, mein Glück zu finden“, antwortete der kleine Tiger. „Dann mach es wie ich“, sagte die Giraffe, „schau einfach über die Bäume.“ „So einfach ist das also“, dachte der kleine Tiger, kletterte auf die Spitze des höchsten Baumes und schaute. Nach einer Stunde war ihm vom Schaukeln des Baumes aber so schlecht, dass er sich von der Giraffe verabschiedete und traurig weiterzog. Bald darauf traf er einen Fisch, der munter im Wasser planschte. „Wo willst du denn hin“, fragte der Fisch. „Ich bin auf der Suche, mein Glück zu finden“, antwortete der kleine Tiger. „Dann mach es wie ich“, sagte der Fisch, „und schwimme den Fluss hinunter.“ „So einfach ist das also“, dachte der kleine Tiger, sprang in die Strömung und wurde nie wieder gesehen.

Wo soll die Reise hingehen?

Jede Fabel hat eine Moral. Welche gefällt dir am besten?

- Wer nicht weiß, wohin er will, kann sich leicht verirren.
- Wer nicht weiß, was er unter Glück versteht, wird es auch nicht finden.
- Wer sich nur an anderen orientiert, findet kaum den Weg zum eigenen Glück.
- Wer nicht seine eigenen Stärken und Talente nutzt, kann nicht gewinnen.

Der kleine Tiger hat sein Glück wohl nicht gefunden. Warum? Weil er auf dem Weg dorthin einige Fehler gemacht hat: Da der kleine Tiger nicht darüber nachdachte, was für ihn Glück bedeutet, wusste er auch nicht, wo er es finden konnte. Er kannte das Ziel seiner Reise nicht, und deshalb landete er zum Schluss da, wo er vermutlich gar nicht hin wollte.

Aufgabe 2

Welche (Reise-)Ziele hast du?

Überleg einmal, welche (Reise-)Ziele du erreichen willst, damit du glücklich, zufrieden und stolz auf dich bist, z. B.:

- mit deinem Freund das Kriegsbeil begraben,
- bei der nächsten Vereinsmeisterschaft Sieger sein,
- im Schuljahreszeugnis deinen Notenschnitt verbessern.

Schreib nun auf, welche (Reise-)Ziele du in Zukunft ansteuern möchtest.

Vorsicht vor falschen Vorbildern und Idealen

Der kleine Tiger hat noch einen Fehler bei seiner Suche nach dem Glück gemacht: Er hat sich viel zu sehr am Vorbild anderer orientiert und zu wenig auf seine eigenen Stärken vertraut. Dabei hat er schnell erfahren müssen: Was andere angeblich glücklich macht, macht ihn noch lange nicht froh!

Ich will sein wie …

Britney Spears, Leonardo Di Caprio, Jon Bon Jovi? Sicher ist es reizvoll, schön, reich und berühmt zu sein, aber solche perfekten Vorbilder bremsen dich eher, als dass sie dich unterstützen: Sie sind scheinbar ohne Fehler – können dir also nicht zeigen, wie du mit Schwächen zurechtkommen kannst. Und sie verleiten dich zur Nachahmung – können dir also kaum Mut machen, deinen eigenen Weg zu gehen. Deshalb: Sei du selbst, unverwechselbar und einzigartig!

Gefährliche Verführer: Lob und Belohnung

Eine ähnlich verführerische Wirkung wie perfekte Vorbilder und Ideale hat das Loben und Belohnen. Oft machen Menschen Dinge, von denen sie gar nicht überzeugt sind (z.B. Mutproben, Lügen, eine bestimmte Berufsausbildung etc.), nur um gelobt zu werden oder um Anerkennung bzw. eine Belohnung zu bekommen. Lob und Belohnung dienen dann als Manipulation, damit du das tust, was andere von dir wollen.

Lass dich also nicht dazu verführen, Dinge zu tun, die du gar nicht willst – nur weil andere sie für richtig halten. Verlass dich besser auf deine eigenen Wegweiser!

Finde deine Wegweiser

Damit sind deine persönlichen Einstellungen und Überzeugungen gemeint, auch „Werte" genannt, die dir so wichtig sind, dass du empfindlich reagierst oder sehr unglücklich wirst, wenn sie in Frage gestellt werden oder wenn du gegen sie handeln musst. Ist z.B. „Ehrlichkeit" ein wichtiger Wegweiser für dich, dann wirst du dich vermutlich schlecht fühlen, wenn du bei einer Klassenarbeit betrügst oder deine Freunde belügst.

Bleibst du hingegen deinen persönlichen Werten treu, dann fühlst du dich bereits auf deiner Reise zum Ziel glücklich und zufrieden. Deine Wegweiser helfen dir, dich zu entscheiden und den richtigen Weg zu finden. Manche Wegweiser können sich im Laufe deines Lebens verändern.

Aufgabe 3

Kreuze zuerst alle Wegweiser an, die für dich wichtig sind. Fallen dir noch weitere ein? Finde dann deine fünf wichtigsten Wegweiser heraus und sortiere sie ihrer Bedeutung nach.

Freundlichkeit
Ordnung
Gemeinschaft
Ehrlichkeit
Respekt
Frieden
Anerkennung/Lob
Religion
Sicherheit
Freizeit
Freiheit
Erfolg
Wissen/Kompetenz
Macht
Liebe
Selbstbewusstsein
Geld
Rücksichtnahme
Offenheit
Risiko
Freunde
Stolz

Hilfsbereitschaft
Ruhe
Abenteuer
Spaß
Familie
Selbstverantwortung
Toleranz
Gerechtigkeit
Ehre
Ehrgeiz
Zuverlässigkeit
Disziplin

Meine fünf wichtigsten Wegweiser:

1.
2.
3.
4.
5.

Die richtige Ausrüstung

Der Tiger in der Fabel auf Seite 87 hat nicht überlegt, was er besonders gut kann und wo seine eigenen Talente liegen. Vielmehr hat er sich an den Stärken der anderen orientiert und versucht, diese nachzuahmen. Auf seiner Reise zum Glück hat ihn das allerdings kein Stück weiter gebracht, denn nicht er, sondern das Faultier ist Profi im faulen Herumliegen, nicht er, sondern die Giraffe hat einen langen Hals, und nicht er, sondern der Fisch ist Weltmeister im Wildwasserschwimmen.

Die eigenen Stärken im Gepäck

Überleg deshalb, welche Stärken und Talente du im Gepäck hast und welche vielleicht noch ungenutzt in dir schlummern und nur darauf warten, auch mit auf die Reise genommen zu werden. Damit du dich richtig einschätzen kannst, solltest du aber auch wissen, was du nicht so gut kannst bzw. wo deine Schwächen liegen.

Aufgabe 4

Erstelle dein persönliches Stärken-Schwächen-Profil

Auf der folgenden Seite findest du ein Stärken-Schwächen-Profil. Überleg, welche der genannten Fähigkeiten du eher als deine persönlichen Stärken und welche du als Schwächen ansiehst. Ordne sie dann in dein Profil in der Skala von 5 (stark) bis 1 (schwach) ein.

Mut	5	4	3	2	1
Entscheidungskraft	5	4	3	2	1
Durchhaltevermögen	5	4	3	2	1
Selbstdisziplin	5	4	3	2	1
Konzentrationsfähigkeit	5	4	3	2	1
Genauigkeit	5	4	3	2	1
Schnelle Auffassungsgabe	5	4	3	2	1
Gutes Gedächtnis	5	4	3	2	1
Teamfähigkeit	5	4	3	2	1
Zuhören können	5	4	3	2	1
Überzeugungskraft	5	4	3	2	1
Selbstbewusstsein	5	4	3	2	1

Natürlich ist die Liste nicht vollständig. Sicher kannst du sie noch um weitere Fähigkeiten ergänzen.

Rang (1–5)

Zu deinen persönlichen Stärken können z. B. auch Rechnen, Schreiben, Tanzen, Malen, Singen, Schauspielern, Fußballspielen, Schwimmen, Diskutieren, Gitarrespielen, Fremdsprachen, Computer etc. gehören.

Welche Stärken bringen dich zu deinem Ziel?

Wenn du dir diese Frage gewissenhaft beantwortest, wird es dir leichter fallen, deine Ziele zu erreichen. Bei Tom z.B. läuft es in der Schule gerade nicht so gut, aber sein festes Ziel ist es, das Abitur zu schaffen. Sein Durchhaltevermögen – auch nach Misserfolgen – und seine Disziplin beim Arbeiten werden ihm dabei eine große Hilfe sein.

Welche Schwächen könnten zum Problem werden?

Auch diese Frage solltest du dir ehrlich beantworten, um nicht unnötige Enttäuschungen erleben zu müssen. Tom z.B. weiß, dass er neuen Unterrichtsstoff nicht so schnell versteht und länger braucht, bis er ihn sicher im Gedächtnis behalten kann. Er muss also mehr Zeit und Energie zum Lernen aufwenden als seine Klassenkameraden.

Stärke deine Stärken und arbeite an deinen Schwächen

Je besser du deine Stärken nutzt, umso weniger bemerkbar machen sich deine Schwächen. Tom z.B. arbeitet mit seinem neuen Lernplan jetzt noch disziplinierter. Seine Schwächen versucht er mit neuen Methoden in den Griff zu bekommen.

Aufgabe 5

Überleg nun, welche Stärken du hast und wie du sie noch besser nutzen kannst, um deine Ziele zu erreichen. Überleg auch, an welchen Schwächen du arbeiten willst.

Flow – so wird die Reise zum aufregenden Abenteuer!

Das Ziel deiner Reise sollte realistisch sein, also nur so hoch gesteckt, dass du es mit deiner Ausrüstung – deinen Stärken – auch erreichen kannst. Ist das Ziel umgekehrt zu leicht zu erreichen, wird die Reise langweilig. Ein Fußballspiel z. B. macht dann am meisten Spaß, wenn ihr gewinnen könnt, dafür aber hart kämpfen müsst. „Flow" *(aus dem Englischen: „Fließen")* kannst du also mit „Spaß auf dem Weg zum Ziel" übersetzen (auch Seite 24/25).

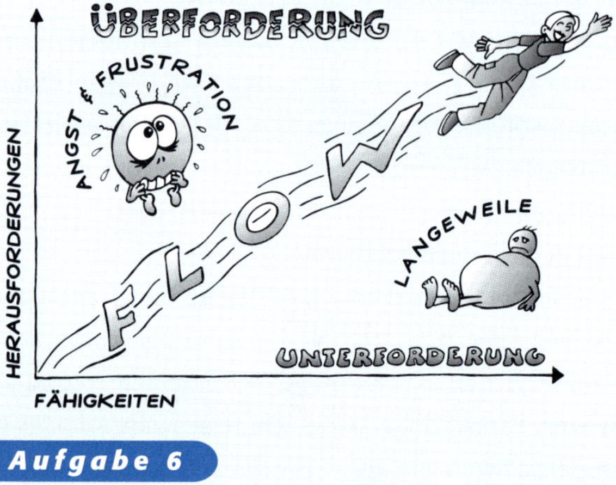

Aufgabe 6

Setz dir Flow-Ziele!

Schau dir noch einmal deine (Reise-)Ziele an und überleg,

- ob sie so gesteckt sind, dass du sie auch erreichen kannst, oder
- ob sie vielleicht zu leicht zu erreichen sind und deine Reise deshalb langweilig werden könnte.

Die Rahmenbedingungen prüfen

Du kannst sehr viel in deinem Leben verändern, indem du Verantwortung für dich übernimmst und selbstständig handelst. Allerdings wird es auch immer wieder Situationen geben, in denen du an den Rahmenbedingungen nichts ändern kannst – oder nur gegen einen sehr hohen Preis.

Das Wetter kannst du nicht verändern

Ein Bergsteiger z.B., der von Schnee und Regen beim Klettern behindert wird, kann das Wetter nicht einfach ändern, sondern er muss es akzeptieren, wie es ist. Wie der Bergsteiger, so musst auch du dich hin und wieder mit bestimmten Bedingungen abfinden, z.B. dass

- du in die Schule gehen musst,
- du dir deine Eltern und Geschwister nicht aussuchen kannst oder dass
- das Mädchen, das du magst, schon einen Freund hat.

Natürlich kannst du jetzt die Schule schwänzen oder die Mafia engagieren und deiner Familie und deinem Rivalen … O.k., der Preis ist zu hoch. Also, was kannst du tun?

Ändere deine innere Einstellung!

Ärgern bringt nichts außer Magengeschwüren! Deshalb versuche, die gegebenen Bedingungen voll zu akzeptieren und sie sogar *zu mögen*, mehr noch: *zu lieben*!

Das ist zunächst nicht leicht, aber sicherlich klüger, als alle Energie mit Jammern oder Halbherzigkeiten zu verschwenden.

Was du tun kannst: Verbessere die Bedingungen

Manches kannst du nicht grundsätzlich ändern, aber vielleicht maßgeblich verbessern, z.B. indem du

- konsequenter lernst oder die Schulform wechselst,
- dich um ein besseres Verhältnis zwischen dir und deiner Familie bemühst oder
- dich (nach einer kurzen Trauerzeit) wieder an andere nette Mädchen erinnerst.

In den 70er Jahren trugen in London viele Jugendliche ein T-Shirt mit folgender Aufschrift:

Könnte das nicht auch dein Motto werden?!

Aufgabe 7

Schreib auf, welche Rahmenbedingungen du verbessern kannst, um deinen (Reise-)Zielen näher zu kommen.

Die Reiseroute planen

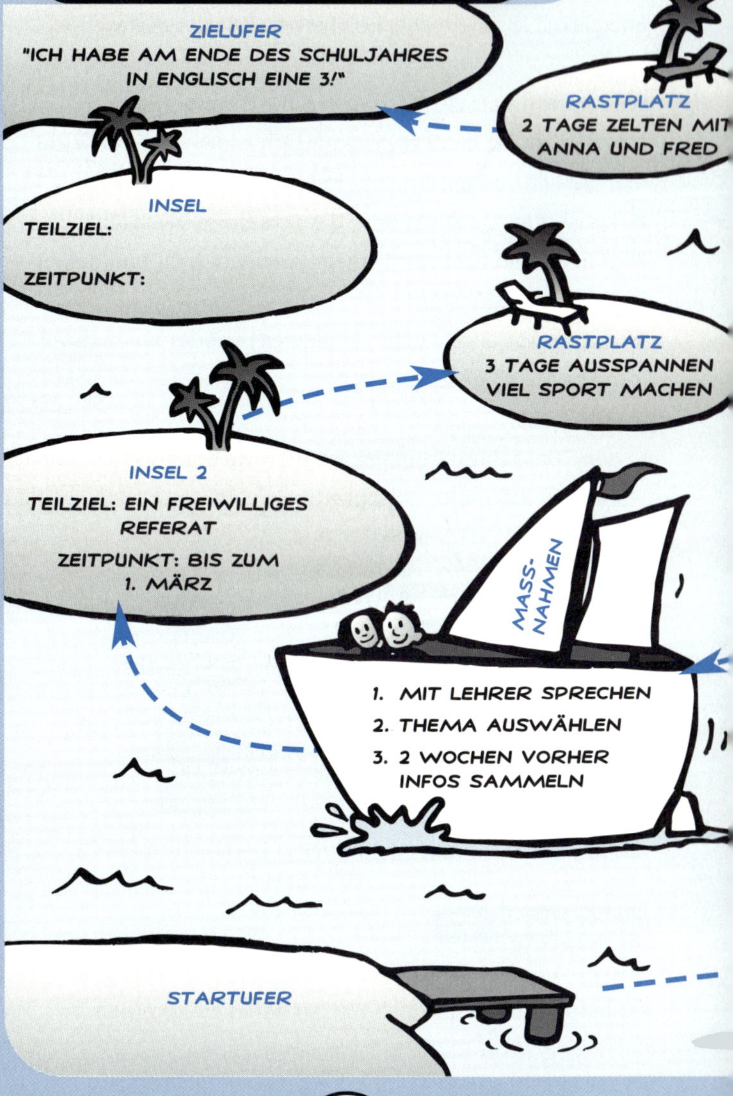

INSEL 3
TEILZIEL: IN DER ARBEIT MINDESTENS EINE 4+!
ZEITPUNKT: 30. MÄRZ
MASS-NAHMEN
1. 3 WOCHEN VORHER MIT LERNEN BEGINNEN
2. EINMAL PRO WOCHE MIT NINA LERNEN
RASTPLATZ
INSEL 1
TEILZIEL: MINDESTENS 3 MÜNDLICHE BETRÄGE PRO STUNDE
ZEITPUNKT: AB SOFORT!
MASS-NAHMEN
1. IM UNTERRICHT AUFPASSEN
2. UNVERSTÄNDLICHES NACHFRAGEN
3. HAUSAUFGABEN MACHEN

Jede Reise, die dich zu einem bestimmten Ziel führen soll, muss geplant sein. Wenn du dir z.B. den Schiefen Turm von Pisa ansehen willst, dann fährst du auch nicht einfach Richtung Süden und hoffst, schon irgendwo in Italien in der Nähe von Pisa anzukommen, sondern überlegst dir genau, welche Reiseroute die beste dorthin ist. Das Gleiche gilt auch für deine schulischen und privaten (Reise-)Ziele. „Ich möchte in der Schule besser werden" ist zwar ein lobenswerter Wunsch, aber noch kein konkretes Ziel, das du sicher ansteuern kannst. Deshalb benenne deine (Reise-)Ziele klar und eindeutig – und das geht so:

Das (Reise-)Ziel formulieren

- Beginne mit „Ich ..."! Es ist schließlich *dein* Ziel.
- Formuliere positiv! „Ich bin im Unterricht aufmerksam", statt „Ich störe nicht mehr so oft."
- Formuliere ohne Einschränkungen, also ohne Worte wie „manchmal", „vielleicht", „wenn das und das ist".
- Nenne den Zeitpunkt, bis zu dem du dein Ziel erreicht haben willst, z.B. „... am Ende des Schuljahres".
- Und: Benenne dein Ziel klar und eindeutig! „Ich habe am Ende des Schuljahres in Englisch eine 3".

Zwischenstationen und Rastplätze auswählen

Um dich bei weiten Reisen oder einem unüberschaubaren Wust von Lernstoff nicht zu verlaufen und nicht außer Puste zu kommen, solltest du mehrere Zwischenetappen einplanen und geeignete Rastplätze auswählen. Überleg dir genau, bis zu welchem Zeitpunkt du welche Zwischenstation erreichen willst und wann du dich auf einem Rastplatz ausruhst.

Mit dem Fahrrad, Auto, Schiff, Flugzeug oder zu Fuß?
Wie gut du von einem Zwischenziel zum nächsten kommst und wie sicher du schließlich dein Reiseziel erreichst, hängt maßgeblich von der Wahl deiner Fortbewegungsmittel ab – den *Maßnahmen und Strategien*. Also, *was* musst du tun, *wie* gehst du vor, um deine Ziele zu erreichen?

Aufgabe 8

Nimm ein Papier und male und plane ähnlich wie auf den Seiten 98 und 99 deine eigene Reiseroute. Sie kann über das Meer, durch den Dschungel, ins Weltall etc. führen.

Zusammenfassung

- **Wähle dir dein (Reise-)Ziel genau aus und orientiere dich dabei an deinen persönlichen Wegweisern.**
- **Auf deiner Reise solltest du dich nicht auf andere verlassen, sondern auf deine eigenen Stärken vertrauen.**
- **Setze dir deine Ziele nicht zu hoch und nicht zu niedrig – setze dir Flow-Ziele!**
- **Prüfe die Rahmenbedingungen und plane deine Reise.**

3. Volle Kraft voraus!

Kennst du deine guten und bösen Kopfbewohner?

Weißt du, wie wichtig Misserfolge sind?

Möchtest du wissen,
wie du Hindernisse erfolgreich überwinden kannst?

Die wenigsten Menschen sind aus Zufall glücklich und erfolgreich. Die meisten haben lange Durststrecken überwinden, Hartnäckigkeit beweisen oder neue Wege einschlagen müssen, bevor sie ihre Ziele erreichen konnten.
Andre Agassi z.B. war nach einer erfolgreichen Tenniskarriere plötzlich für längere Zeit vom Tennishimmel verschwunden. Kaum jemand dachte, dass er sich noch einmal so erfolgreich an die Weltspitze zurückspielen könnte, wie er es 1998 getan hat. Durchhaltevermögen, hartes Training und der Wille zum Sieg haben ihm dabei geholfen. Ähnlich hartnäckig an seinem Erfolg arbeitete Stefan Raab. Immer wieder hatte er z.B. seine Sendung „TV Total“ verschiedenen Fernsehsendern angeboten, bis ihm endlich Pro Sieben eine Chance gab, die Sendung zu produzieren. Nicht den Mut verloren, sondern vier Jahre an seinem Ziel, mit Ferrari Weltmeister zu werden, weitergetüftelt hat Michael Schumacher. Statt den Rennstall zu wechseln und so vielleicht leichter zu siegen, hat er viel trainiert und sein Auto ständig weiter verbessert.

Diesen Prominenten ist gemeinsam, dass sie von ihrem Können überzeugt sind, ein Ziel vor Augen haben und sich nicht schnell durch Schwierigkeiten davon abbringen lassen. Das gilt natürlich nicht nur für „Stars und Sternchen“. Auch viele „Namenlose“ beziehungsweise unbekannte Menschen zeichnen sich durch Entschiedenheit aus.

Sag 100 Prozent „Ja“ zu deinen Vorhaben!

Wenn du dein Reiseziel ausgewählt hast, dann solltest du auch mit 100-prozentiger Überzeugung zu deiner Entscheidung stehen. Nur so kannst du mit deiner ganzen Kraft und Energie auf die Reise gehen.

100 Prozent „Ja“ auch zu Kompromissen

Oft musst du Kompromisse eingehen, um zu deinem Ziel zu kommen. Johannes z.B. möchte mit Marco, Tina und Daniela seinen Urlaub verbringen. Das ist sein Ziel. Am liebsten wäre er nach Spanien gefahren, doch die anderen haben sich für England entschieden. Statt nun neue Mitfahrer zu suchen oder herumzunörgeln, steht Johannes zu seiner Entscheidung, mit den drei Freunden Urlaub zu machen, und plant nun begeistert mit.

Die richtige Reisebegleitung auswählen

Großen Einfluss auf den Erfolg deiner Reise haben deine „Reisebegleiter“ bzw. „Kopfbewohner“. Damit sind deine inneren Stimmen gemeint, die dich bei der Umsetzung deiner Ziele motivieren oder demotivieren. Die meisten Menschen tragen sehr viele *demotivierende Kopfbewohner* mit sich herum, die ihnen einreden, dass sie ihr Ziel nicht erreichen können. Auf deren Begleitung solltest du verzichten, denn sie können so stark werden, dass sie dir deine ganze Kraft und Energie rauben. Mitnehmen solltest du hingegen deine *motivierenden Kopfbewohner*, denn sie unterstützen dich und machen dich stark. Diese Kopfbewohner gibt es:

Die freundschaftlichen Kopfbewohner

Sie sind super Reisebegleiter, denn sie stärken dein Selbstvertrauen, wenn sie dir immer wieder zuflüstern: „Du kannst das!", „Du schaffst das!", „Du bist stark!"

Die motivierend mahnenden Kopfbewohner

Auch sie sind prima Reisebegleiter, weil sie dich anfeuern und ermutigen: „Probier mal was Neues aus!", „Auf, täglich 15 Vokabeln lernen und du wirst bestimmt besser!"

Die demotivierend mahnenden Kopfbewohner

Diese drohen dir oder machen dir Angst, wenn sie sagen: „Sei lieber vorsichtig, du könntest dich blamieren!", „Wenn du dich nicht mehr anstrengst, dann schreibst du eine 6!"

Die trägen Kopfbewohner

Diese gähnen dir ins Ohr: „Lass bleiben, viel zu anstrengend!", „Das hat bis morgen oder übermorgen Zeit!"

Die bösartigen Kopfbewohner

Diese sind ganz grausam und sagen: „Du Versager, du Schwächling!", „Gib auf!", „Mathe wirst du nie können!"

Aufgabe 9

Erkenne deine Kopfbewohner

Füll die Tabelle aus. Manche Kopfbewohner sind dir vielleicht von Eltern, Lehrern etc. „eingepflanzt" worden. Woher kommen deine, wieviele sind es und was sagen sie?

Kopfbewohner			Woher kommen sie?	Wieviele sind es?	Was sagen sie?
motivierende	freundschaftl.				
	mahnende				
demotivierende	mahnende				
	träge				
	bösartige				

Stärke die guten, dann schwächst du die bösen

Je mehr du auf deine guten Kopfbewohner hörst, umso weniger Chancen haben die bösen, dir deine Reise zu vermasseln. Wähle dir dazu ein oder zwei motivierende Sätze deiner guten Reisebegleiter aus und erkläre sie zu deinen persönlichen Mutmachern und Kraftspendern. Sag sie dir immer wieder vor, dann werden sie dir wie ein guter Geist oder Schutzpatron immer hilfreich zur Seite stehen.
Trag hier deinen persönlichen Mutmacher-Satz ein:

Wirf die guten Vorsätze über Bord

„Wieso das denn", wirst du dich jetzt sicher fragen. „Gute Vorsätze sind doch toll, sie zeigen schließlich, dass ich was verändern will." Stimmt, allerdings ist damit noch nicht gesagt, ob du es auch wirklich *tun* wirst! Mal ehrlich: Wie viele deiner guten Vorsätze, z.B. häufiger Klavier zu üben, mehr zu lernen oder nicht mehr zu rauchen, hast du wirklich umgesetzt? Nicht so viele? „Gute Vorsätze" heißt nämlich fast immer: *„Das will ich nicht, ich will etwas anderes."* Also: Betrüg dich nicht selbst, verzichte auf gute Vorsätze und überleg stattdessen genau, ob es tatsächlich *dein* Ziel ist, das du ansteuern willst. Wenn ja, dann kannst du es auch in einem Vertrag mit dir selbst festhalten und besiegeln. Und nicht „morgen" anfangen, sondern heute.

V E R T R A G

ICH VERPFLICHTE MICH, BIS ZUM

FOLGENDES ZIEL UMZUSETZEN:

UM MEIN ZIEL ZU ERREICHEN,
ERGREIFE ICH FOLGENDE MASSNAHMEN:

	SOFORT	BIS

FÜR DAS ERREICHEN MEINES ZIELS
BELOHNE ICH MICH MIT:

Ort, Datum, Unterschrift

Die Sicht klart auf

Wenn du dich für ein Reiseziel entschieden hast, dann kann es gut sein, dass dir auf dem Weg dorthin einige Dinge zustoßen, mit denen du nicht gerechnet hast.

Unheimliche Begegnungen

Stell dir einen Abenteuerhelden vor, der mit seinem Segelschiff eine unbekannte Insel ansteuert. Auf seiner Reise muss er immer wieder dichte Nebelbänke durchfahren, ohne zu wissen, was ihn dahinter erwartet. Erst wenn die Sicht wieder aufklart, weiß er, worauf er sich wirklich eingelassen hat: wilde Seemonster, grausame Piraten, eine stürmische See etc.

Ähnlich geht es auch Nadine. Sie hatte sich zum Ziel gesetzt, ein Schuljahr in England zu verbringen, um ihre Sprachkenntnisse zu verbessern. Jetzt ist sie seit zwei Monaten dort und alles ist anders, als sie es sich vorgestellt hatte. In einem Brief an ihre Freundin schreibt sie:

„…Zwar sind in der Schule alle nett zu mir und mein Englisch ist auch schon viel besser geworden, aber mit meiner Gastfamilie komme ich gar nicht klar. Die drei Söhne ärgern mich ständig und ich habe ziemlich großes Heimweh…"

Wahrsager gibt es nicht

Leider kann dich vor diesen unliebsamen Begegnungen mit unerwarteten Schwierigkeiten niemand wirklich schützen. Vielleicht hätte sich Nadine vor ihrer Reise noch besser informieren oder ausgiebiger beraten lassen können, doch eine Garantie wäre auch das nicht gewesen.
Welche kleinen und großen „Monster" tatsächlich auf dich zukommen, aber auch, welche schönen Erlebnisse, das kann dir niemand voraussagen – deine Eltern nicht, deine Lehrer nicht und auch du nicht! Denn wie du weißt: Wahrsager gibt es nicht.

Du hast die Wahl – mach was draus

Deshalb: Entscheide selbst, übernimm Verantwortung für dich und versuch einen Weg zu finden, die Schwierigkeiten in den Griff zu bekommen. Sag nicht: „Ich habe ja keine Wahl", denn das stimmt nicht. Du hast die Wahl!
Nadine z.B. kann sich ihrer Situation ausliefern und noch zehn Monate leiden. Oder aber sie nimmt ihr Glück in die Hand und ändert ihre Situation, z.B. indem sie mit ihrer Gastfamilie spricht oder sogar die Familie wechselt.

Hindernisse überwinden

Natürlich müssen dir nicht auf jeder Reise grausame „Monster“ begegnen. Aber es kann eben passieren und darauf solltest du besser vorbereitet sein. Was kannst du nun aber tun, wenn Hindernisse auftauchen oder du dein Ziel sogar verfehlst? Folgende Tipps können dir helfen:

Misserfolge gibt es nicht

Zunächst erst einmal eine Frage an dich: Ist es etwas Schlechtes, wenn etwas nicht gelingt und du dein Ziel nicht erreichst? Wir denken: Nein.
Würdest du z.B. von vornherein bei einem Tennismatch die Möglichkeit zu verlieren ausschließen, dann würdest du dich erstens nicht anstrengen und deine Erfolgsaussichten würden damit sehr abnehmen. Zweitens könntest du dich über einen Sieg nicht freuen, weil du ihn als solchen gar nicht wahrnehmen würdest. Ohne Misserfolge gibt es also auch keine Erfolge. Zudem sind Misserfolge die besten Lernchancen. Ein guter Freund, der sich gerade erfolgreich bei einem Radiosender beworben hat, erzählte uns, dass sein Bewerbungsgespräch nur deshalb so gut verlaufen sei, weil er bei einem früheren Gespräch sehr schlecht abgeschnitten hatte: „Das war die beste (Misserfolgs-)Erfahrung, die ich machen konnte, um diesen Job zu bekommen.“
Misserfolge im eigentlichen Sinne gibt es also nicht. Entscheidend ist, was du aus ihnen machst!

Durchhaltevermögen beweisen

Kennst du Joey Kelly von der Kelly-Family? Genau, der langhaarige Typ, der Songwriter, Musiker und Manager seiner Band ist und außerdem – was die meisten nicht wissen – als Extremsportler alle acht Ironmen in einem Jahr geschafft hat (das ist Weltrekord!). Außerdem ist er bei minus 30°C 100 Meilen durch Alaska gelaufen und hat viele ähnlich verrückte Sachen gemacht. Auf die Frage, wie er solche körperlichen Höchstleistungen bringen könne, antwortete er: *„Das ist alles eine Kopfsache. Wenn du daran denkst aufzugeben, dann hast du schon aufgegeben."*

Eine weise Erkenntnis – oder? Aber Joey hat recht. Sicher weißt du aus eigener Erfahrung, was dir deine demotivierenden Kopfbewohner zuflüstern, wenn du z.B. drauf und dran bist, deinen selbst erstellten Lernplan zu ignorieren: „Das ist langweilig", „Du kannst das sowieso nicht", „Morgen ist auch noch ein Tag" etc. Hörst du auf diese verführerischen Stimmen, dann wird dein Selbstrespekt darunter ziemlich leiden. Du fühlst dich als willensschwacher Versager.

Das Zauberwort heißt *Selbstdiziplin*. Du selbst musst den Willen und die Kraft aufbringen, zu deiner Entscheidung zu stehen – auch wenn es manchmal hart ist. Deshalb: Versuch immer dein Bestes zu geben, besinn dich auf deine Stärken und orientiere dich an deinen motivierenden Kopfbewohnern.

Wenn das Abenteuer ausbleibt

Felsklettern wird dann zum Abenteuer, wenn der Fels so schwer ist, dass du ihn gerade noch bezwingen kannst, dazu aber all dein Können gefordert ist. Ist der Fels hingegen für dich zu leicht, wird es langweilig und du suchst dir eine neue Herausforderung. Ähnlich ist es auch mit dem Lernen. Wenn du Aufgaben langweilig oder ein Unterrichtsfach uninteressant findest, dann solltest du Folgendes bedenken:

- *Urteile nicht vorschnell!* Manche Aufgaben erscheinen auf den ersten Blick vielleicht langweilig, sind es aber gar nicht. Auch ein einfach wirkender Fels kann unvorhersehbar schwer werden. Also: erst ausprobieren.
- *Mit dem Lernen kommt der Spaß!* Wer noch nicht geklettert ist, kann auch nicht wissen, ob er es gerne macht. Deshalb lass dich erst einmal auf eine Aufgabe ein, oft kommt der Spaß dann von selbst.
- *Suche dir Herausforderungen!* Wie das Klettern, so kannst du auch den Lernstoff interessanter machen, z.B. indem du dir zusätzliche Infos mittels Internet, Büchern oder Filmen beschaffst, mit Freunden lernst, noch schneller arbeitest…

Wenn der Berg zu hoch oder die See zu stürmisch ist

Schau dir noch einmal die Flow-Illustration auf Seite 95 an. Wenn eine Aufgabe zu schwierig für dich ist, sind Lernfrust und Angst vorprogrammiert. Folgende Tipps solltest du dann beachten:

- *Teil deinen Weg in Etappen ein!* So siehst du nicht ständig die weit entfernte Spitze des (Lern-)Berges, sondern arbeitest dich Stück für Stück deinem Ziel entgegen.
- *Leg Pausen ein!* Pausen sind wichtig, um neue Energie zu tanken, um Teilerfolge zu feiern und bei Panikanfällen wieder den Überblick zu finden (Seiten 98ff. und 116).
- *Probier andere Wege aus!* Manche Wege führen in die Sackgasse. Dann musst du eine Kurskorrektur vornehmen und nach neuen Wegen suchen (Seiten 117ff.).

S.O.S! Um Rat und Hilfe fragen

Wenn du nicht mehr weiter weißt, dann überleg, wen du um Rat fragen kannst. Oft findest du in einem Gespräch viel leichter gute Lösungen als alleine. Manche Menschen nehmen ungern Hilfe von anderen an, weil sie sich dann schwach fühlen. Doch das ist nicht so. Dir selbst Schwächen einzugestehen ist stark! Schwach wäre hingegen, wenn du andere oder die „Umstände“ für das Gelingen des eigenen Weges verantwortlich machen würdest. Also: *Die Verantwortung bleibt bei dir!*

Die Reiseapotheke nicht vergessen

Immer dabei haben solltest du natürlich deine Reiseapotheke. Sie enthält eine Reihe gut verträglicher Mittelchen, die dir über die kleinen alltäglichen „Zipperlein“ hinweghelfen können.

Führe ein Erfolgstagebuch

Bei Müdigkeit und Depressionen verschreiben wir dir einen ausgiebigen Blick in dein Erfolgstagebuch. Hier hast du zuvor alle deine kleinen und großen Siege und Erfolge aufgeschrieben, z.B. gute Noten, sportliche Siege und deine Flirt-Erfolge. Nach einem ausgiebigen Blick in dieses Tagebuch läuft dein „Motor“ wieder wie von selbst.

Konzentriere dich auf das, was du gerade tust

Stress und „Kopfschmerzen“ enstehen dann, wenn in deinem Kopf das Chaos herrscht, weil du an zu viele Dinge gleichzeitig denkst. Konzentriere dich deshalb auf das, was *jetzt wichtig* ist, und nicht auf das, was erst in der Zukunft kommt. So kommst du nicht in Zeitnot, bündelst deine Kraft für den Moment und kannst den Augenblick genießen. Der Tennisspieler Pete Sampras antwortete auf die Frage nach seinem Erfolgsrezept: „Ich versuche nie, ein Turnier zu gewinnen. Ich versuche auch nie, einen Satz oder ein Spiel zu gewinnen. Ich will nur diesen Punkt gewinnen.“

Such dir sinnvolle Rastplätze

Bei Kraftlosigkeit und „Vitaminmangel" solltest du eine Pause einlegen und einen Rastplatz aufsuchen, an dem du neue Energie tanken kannst. Ungeeignet dafür sind Rastplätze vor dem Fernseher. Die „Traumfabrik" Fernsehen setzt dir in Serien, Filmen, Video-Clips etc. Fantasiewelten vor, die deine eigenen Gedanken, Ideen und Wünsche bremsen. Fernsehen macht dich so passiv und raubt dir deine Energie statt dir neue zu geben. Gute Energielieferanten sind z.B. gesundes Essen, Bewegung, viel trinken, entspannende Musik, frische Luft, gute Gespräche etc.

Lächel, lächel, lächel

Bei schlechter Laune und Lustlosigkeit empfehlen wir dir eine Lächelübung: Stell dich dazu vor den Spiegel und grinse dich fünf Minuten lang an. Erstens, weil du dir dabei ziemlich lächerlich vorkommst, und zweitens, weil so Nerven aktiviert werden, die deinem Gehirn die Ausschüttung von Glückshormonen befehlen. So fühlst du dich bald besser.

Kurskorrekturen vornehmen

Ein Abenteuerheld zeichnet sich sicher nicht dadurch aus, dass in seinem Leben alles glatt und problemlos läuft. Vielmehr wird er erst dadurch zum Helden, dass er sich Schwierigkeiten stellt, Hindernisse mit Mut, Durchhaltevermögen und Intelligenz überwindet und nicht kapituliert, sondern nach neuen Wegen sucht.

Ändern statt ärgern

Auch du kannst dich „heldenhaft" verhalten. Ärger dich dazu nicht zu lange über das Riff oder die Sandbank, die dir deinen Weg zu deinem nächsten Ziel versperrt, sondern ändere deine Situation! Das hat auch Benjamin getan: Benjamin ist zwar erst in der 6. Klasse, aber er weiß, dass er unbedingt Archäologe werden will. Dazu braucht er jedoch Abitur – und genau das war bis vor kurzem sein Problem. Es sah so aus, als würde Benjamins Zeugnis nicht gut genug sein, um ins Gymnasium gehen zu können. Er war deshalb ziemlich frustriert und hatte überhaupt keine Lust mehr auf die Schule. Sein Ziel, Archäologe zu werden, schien ihm in weite Ferne gerückt. Was Benjamin zunächst nicht wusste: *Viele Wege führen zum Ziel!* Zusammen mit seinem Vater hat er das aber schnell herausgefunden und überlegt, wie es weitergehen soll. Folgendermaßen ist er dabei vorgegangen:

1. Schritt: Nach neuen Wege suchen

Zuerst hat Benjamin alle Möglichkeiten aufgeschrieben, die ihn zu seinem Ziel führen können, z. B.:

- *Weg 1:* Ich wiederhole die 6. Klasse.
- *Weg 2:* Ich gehe bis zur 10. Klasse auf die Realschule und wechsle dann auf das Gymnasium.
- *Weg 3:* Ich gehe auf ein Internat.
- *Weg 4*: Ich wechsle zur Ganztagesschule im Nachbarort.

2. Schritt: Vor- und Nachteile abwägen

Anschließend hat Benjamin für jeden Vorschlag alle Vorteile und alle Nachteile zusammengetragen und dann überlegt, welcher Weg der beste für ihn ist:

	Vorteile	**Nachteile**
Wiederholen	• Ich bekomme bessere Noten.	• Ich verliere ein Jahr. • Meine Freunde sind eine Klasse weiter.
Realschule	• bessere Noten • weniger Lernstress	• Meine Freunde sind in einer anderen Schule.
Internat	• kleine Klassen • viel Unterstützung	• Ich sehe Freunde und Eltern sehr selten. • sehr teuer
Ganztages-schule	• Ich bekomme eine gute Unterstützung. • coole Freizeit-aktivitäten	• Mein ganzer Tag ist verplant. • Ich sehe Freunde und Eltern weniger.

Jede Chance zu 100 Prozent nutzen

Wenn du deinen Kurs korrigiert und dich für einen neuen Weg entschieden hast, dann solltest du ihn auch mit deiner ganzen Kraft und Energie gehen. Beiß dich nicht an den Problemen der Vergangenheit fest, sondern freu dich auf die Abenteuer, die vor dir liegen.

Zusammenfassung

- **Sag 100 Prozent „Ja" zu deinen Entscheidungen und besiegle deine Vorhaben durch einen Vertrag mit dir.**
- **Deine Stimmen im Kopf haben großen Einfluss darauf, wie gut du deine Ziele erreichst. Deshalb stärke deine guten Kopfbewohner, dann schwächst du die bösen.**
- **Manchmal stellen sich dir auf deiner (Ziel-)Reise unvorhersehbare Hindernisse in den Weg. Aber auch dann solltest du nicht vergessen: Es liegt an dir, was du daraus machst.**

- **Was kannst du tun, um solche Hindernisse zu überwinden? Vor allem Durchhaltevermögen beweisen, dir neue Herausforderungen suchen, Etappenziele einplanen, um Rat fragen und daran denken, dass es Misserfolge eigentlich gar nicht gibt.**
- **Manche Hindernisse sind zu hoch, um sie überwinden zu können. Dann musst du deinen Kurs korrigieren und nach neuen Wegen suchen.**

4. Am Ziel?

Welche Schätze bringst du von deiner Reise mit?

Weißt du, wo du deine Schätze finden kannst?

Warum sind Träume wichtig?

„Guten Tag“, sagte der kleine Prinz.

„Guten Tag“, sagte der Händler. Er handelte mit höchst wirksamen durststillenden Pillen. Man schluckt jede Woche eine und spürt überhaupt kein Bedürfnis mehr, zu trinken.

„Warum verkaufst du das?“, sagte der kleine Prinz.

„Das ist eine große Zeitersparnis“, sagte der Händler. „Die Sachverständigen haben Berechnungen angestellt. Man erspart dreiundfünfzig Minuten in der Woche.“

„Und was macht man mit diesen dreiundfünfzig Minuten?“

„Man macht damit, was man will …“

„Wenn ich dreiundfünfzig Minuten übrig hätte“, sagte der kleine Prinz, „würde ich ganz gemächlich zu einem Brunnen laufen …“

Kennst du diese Geschichte aus „Der kleine Prinz“ von Antoine de Saint-Exupéry? Wir finden sie sehr schön und vor allem sehr treffend, weil sie zeigt, wie dumm manchmal Erwachsene sein können: Sie versuchen, wo sie nur können, Zeit zu sparen, damit sie schneller ihre Ziele erreichen. Ihre Gedanken auf die Zukunft gerichtet, fehlen ihnen die Aufmerksamkeit und die Kraft für die Gegenwart. Sie sind weder hier noch dort. Oft merken sie gar nicht, was sie dabei alles verpassen und welche Schätze ihnen dabei verloren gehen. Deswegen verzichte du auf die Pillen des Händlers und stille deinen Wissensdurst und deine Neugier jeden Tag aufs Neue. Erst so macht das Reisen richtig Spaß!

Am Ziel?

Die Schätze deiner Reise

Herzlichen Glückwunsch! Du bist am Ziel deiner Reise angekommen. Jetzt solltest du dir erst einmal selbst kräftig auf die Schulter klopfen.

Genieße deinen Erfolg

Ein tolles Gefühl – oder? Je mehr du dich anstrengen musstest und je mehr du selbst dafür verantwortlich bist, dass du dein (Reise-)Ziel erreicht hast, umso stolzer wirst du vermutlich auf dich sein. Nimm dir nun ausreichend Zeit, genieße deinen Erfolg und schau dir genau an, welche „Schätze" du von deiner Reise mitgebracht hast.

Öffne deine Schatztruhe

Jeder kleine Sieg, jede gute Leistung, jeder Erfolg verleiht dir *Stärke, Vertrauen in dein eigenes Können, Selbstachtung, Zuversicht, Mut, Energie etc.* für neue Herausforderungen – das sind deine Schätze! Hast du diese Schätze erst einmal gefunden, dann werden sie dir bei jeder neuen Reise als tatkräftige Begleiter zur Seite stehen.

Aufgabe 10

Denk an deine kleinen und großen Erfolge und schreib auf, welche Schätze sie dir gebracht haben.

Falsch ist, wenn du denkst, dass du diese Schätze erst am Ziel deiner Reise bekommst. Die meisten Schätze hast du nämlich bereits vor dem Ziel *während deiner Reise* gesammelt, indem du spannende Abenteuer erlebt und schwierige Situationen heldenhaft gemeistert hast. Die Zahl und Qualität deiner Schätze hängt also sehr davon ab, wie schön und abenteuerreich deine Reise ist.

Carpe diem – nutze den Tag!

Blicke deshalb nicht ständig nur auf deine zukünftigen Ziele und denk: „Wenn ich erst mal 18 bin“, „mein Abitur habe“, „reich bin“, „eine Freundin habe“ etc., sondern überleg, was du tun kannst, damit *der heutige Tag deiner Reise* ein schöner und erlebnisreicher Tag wird.

Umwege und Seitenstraßen

Oft sind es nicht die schnurgeraden Wege zum Ziel, sondern die Umwege und Seitenstraßen, die deine Reise spannend machen! Alex z.B. hat seinen Schulabschluss schneller und bequemer gemacht als Tina, die zuvor ein Jahr in Amerika zur Schule gegangen ist. Allerdings hat Tina in diesem Jahr so viele aufregende Dinge erlebt, dass dieses Schuljahr, obwohl sie es zu Hause noch einmal wiederholen musste, für sie alles andere als „verloren“ war. Zudem hat sie in dieser Zeit viele neue Ideen und Wünsche für ihre Zukunft gesammelt, die sie sonst sicher nicht gehabt hätte. Lass dir also Zeit und „streune“ auch mal links und rechts der Hauptstraßen. Oft findest du gerade hier die wertvollsten Schätze!

Schick deine Träume auf die Reise

Bist du schon einmal auf einen Regenbogen zugelaufen und hast versucht, den Punkt zu erreichen, an dem er die Erde berührt? Du läufst und läufst und kommst dabei nie an das Ende deines Weges. Aber während du läufst, entdeckst du die schönsten und interessantesten Dinge, von denen du nie gedacht hättest, dass es sie gibt. Ähnlich ist das mit deinen großen Träumen. Sie verleihen dir Kraft und Energie, sie beflügeln dich und geben deinem Handeln eine Richtung. Ob ein Traum letztlich zum Ziel wird und du dieses Ziel erreichst, ist zunächst nicht so wichtig. Wichtig ist vielmehr: *Der Weg ist das Ziel* – und du kannst jeden Tag etwas dafür tun, dass es ein erlebnisreicher Weg mit vielen Schätzen wird. Wenn du so denkst, wirst du viel Spaß am Reisen haben. Du wirst viele Ziele erreichen und dir wieder neue suchen. „Am Ziel“ wirst du so häufig sein – am Ende deiner Reise aber nie!

Die kürzeste Zusammenfassung

Auf zu neuen Abenteuern – es lohnt sich!

Weiterführende Bücher

Kneip, Winfried & Konnertz, Dirk & Sauer, Christiane:
Lern-Landkarten
Mühlheim a.d. Ruhr: Verlag an der Ruhr 1998

Konnertz, Dirk & Sauer, Christiane:
Fit für die Zukunft
Bayreuth: Schmidt Verlag 1999

Konnertz, Dirk & Sauer, Christiane:
Lernspaß – fit in 30 Minuten
Offenbach: GABAL Verlag 2000

Sprenger, Reinhard K.:
30 Minuten für mehr Motivation
Offenbach: GABAL Verlag 1999

Sprenger, Reinhard K.:
30 Minuten für mehr Motivation
Audio-Ratgeber
Offenbach: GABAL Verlag 2000

Sprenger, Reinhard K.:
Die Entscheidung liegt bei dir!
Frankfurt a.M.: Campus Verlag 2004

Stichwortregister

Leichter lernen!
TRAINING 5.–10. SCHULJAHR
Deutsch
133 Diktate
TRAINING 10. SCHULJAHR
Deutsch
Abschluss
10. Schuljahr
Training, die Lernhilfe
für sinnvolles und effizientes Lernen.
Erhältlich im Buchhandel.
Weitere Informationen finden Sie unter www.klett-verlag.de oder
in unserem Gesamtverzeichnis, das Sie unter der Bestellnummer P
640027 kostenlos anfordern können.
Ernst Klett Kundenservice, Postfach 1170, 71398 Korb
Telefon: 0711/6672-1333, Fax: 0711/6672-2080
Klett